JAMES BOWEN

James Bowen est né en 1979 à Surrey, au Royaume-Uni. Son ouvrage *Un chat des rues nommé Bob* (Jean-Claude Gawsewitch, 2013) raconte son quotidien dans la rue, sa dépendance à la drogue et sa rencontre avec Bob, un chat des rues qui lui a permis de s'en sortir.

# UN CHAT DES RUES
# NOMMÉ BOB

JAMES BOWEN

# UN CHAT DES RUES NOMMÉ BOB

*Témoignage*

*Traduit de l'anglais par*
*Anath Riveline*

JEAN-CLAUDE GAWSEWITCH ÉDITEUR

MIXTE
Papier issu de sources responsables
FSC® C003309

Pocket, une marque d'Univers Poche,
est un éditeur qui s'engage pour la préservation
de son environnement et qui utilise du papier fabriqué
à partir de bois provenant de forêts gérées
de manière responsable.


ISBN : 978-2-266-24352-0

*À Bryn Fox...*
*et à tous ceux qui ont perdu un ami.*

# 1.

# Camarades de voyage

J'ai lu quelque part une citation célèbre. Elle dit en substance que tout le monde reçoit une deuxième chance tous les jours de sa vie. Ces chances ne demandent qu'à ce qu'on les saisisse, mais en général on ne le fait pas.

J'ai passé la plus grande partie de ma vie à donner raison à cette citation. Beaucoup d'opportunités se sont ouvertes à moi, et tous les jours pendant certaines périodes. Pendant très longtemps, je n'ai pas su en profiter, mais là, au début du printemps 2007, la roue a finalement commencé à tourner. C'est à cette époque-là que j'ai sympathisé avec Bob. Et maintenant que j'y repense avec le recul, pour lui aussi, cela devait constituer une deuxième chance.

Je l'ai rencontré par un jeudi soir lugubre de mars. Londres n'avait pas encore réussi à se défaire de l'hiver et un froid mordant enveloppait encore les rues, surtout quand le vent soufflait depuis la Tamise. Ce soir-là, l'air était chargé d'une pointe de gelée, et c'est pour cela que je suis retourné à mon nouvel appartement du foyer d'hébergement sur Tottenham, au nord de

Londres, un peu plus tôt que d'habitude, après avoir passé la journée à jouer à Covent Garden.

Comme toujours, j'avais mon étui de guitare noir et mon sac à dos sur les épaules, mais pour une fois, j'étais également accompagné de ma meilleure amie, Belle. Nous étions sortis ensemble des années plus tôt, mais désormais nous n'étions plus que des copains. Nous nous apprêtions à manger un curry bon marché à emporter devant un film projeté sur la petite télé noir et blanc que j'avais réussi à dénicher dans un magasin de charité au coin de ma rue.

Rien d'étonnant, l'ascenseur dans mon immeuble était en panne, alors nous nous sommes dirigés vers la cage d'escalier, résignés à grimper jusqu'au cinquième étage.

Le néon dans le couloir avait grillé et une bonne partie du rez-de-chaussée était plongée dans le noir, mais en nous dirigeant vers les marches, je n'ai pas pu m'empêcher d'apercevoir deux yeux qui scintillaient dans l'obscurité. Et quand j'ai entendu un petit miaulement plaintif, j'ai compris de quoi il s'agissait.

En m'approchant, et comme je m'habituais à la pénombre, j'ai vu un petit chat roux, roulé en boule sur le paillasson d'une des portes du rez-de-chaussée, dans le couloir qui partait du hall d'entrée.

J'ai grandi avec des chats. Ces petites créatures ont toujours suscité mon affection. En me baissant pour mieux le regarder, j'ai constaté que c'était un mâle.

Je ne l'avais jamais vu dans le coin auparavant, mais malgré le peu de lumière, j'ai tout de suite su qu'il était spécial, qu'il avait une personnalité hors du commun. Il ne semblait pas du tout nerveux. En fait, c'était même plutôt le contraire. Il était habité d'une sorte de confiance tranquille et inébranlable.

Il avait l'air complètement à l'aise, installé là dans l'ombre, et à en croire sa façon de m'observer avec ses yeux inflexibles, curieux et intelligents, c'était moi qui empiétais sur son territoire. C'était comme s'il me demandait : « Alors, t'es qui, toi, et qu'est-ce qui t'amène ici ? »

Je n'ai pas pu résister, je me suis penché pour me présenter.

— Salut mon gars, je ne t'avais jamais vu ici avant. Tu habites ici ?

Il s'est contenté de continuer à me dévisager, avec la même expression studieuse et dégagée, comme s'il m'évaluait.

Je me suis mis à lui caresser le cou, autant pour le saluer que pour voir s'il avait un collier ou une autre forme d'identifiant. Pas facile de voir avec si peu de lumière, mais ce que j'ai senti en le touchant m'a tout de suite fait penser que c'était un chat errant. Londres n'en manque pas.

Mon geste semblait lui faire plaisir, et il a commencé à se frotter contre moi. En le caressant un peu plus, j'ai remarqué que son pelage était en piètre état, avec des touffes arrachées ici et là. Il était clairement sous-alimenté, et vu comment il répondait à mon affection, il était aussi en mal d'un peu de tendresse.

— Pauvre gars, je pense que c'est un chat des rues. Il n'a pas de collier et il est hyper mince, ai-je lancé en regardant Belle, qui attendait patiemment au pied des marches.

Elle connaissait mon faible pour les chats.

— Non, James, tu peux pas le garder, a-t-elle dit en me montrant du doigt la porte devant laquelle le matou était recroquevillé. Il a quand même pas pu se balader jusqu'ici et décider de s'installer sur ce paillasson. Il doit appartenir aux gens qui habitent dans cet appartement. Il attend sûrement qu'ils rentrent et qu'ils lui ouvrent la porte.

À contrecœur, j'ai acquiescé. Je ne pouvais tout de même pas embarquer un chat chez moi, même si tout indiquait qu'il était SDF. Moi-même, je venais à peine d'emménager, j'aurais eu l'air malin s'il appartenait à mes voisins. Ils n'auraient sans doute pas vraiment bien pris qu'on leur pique leur animal de compagnie.

Et de toute façon, je n'avais surtout pas besoin de la responsabilité d'un chat. J'étais un musicien raté et un ancien *junkie* qui vivait une existence précaire dans des foyers d'hébergement. Assumer la responsabilité de moi-même n'était déjà pas une mince affaire.

Le lendemain matin, un vendredi, quand je suis descendu, le matou roux était toujours là. On aurait dit qu'il n'avait pas bougé depuis les douze dernières heures.

Une nouvelle fois, je me suis agenouillé pour le caresser. Et là encore, il était évident qu'il appréciait. Il ronronnait bruyamment, se réjouissant de l'attention que je lui accordais. Il ne pouvait pas encore se laisser aller à cent pour cent, mais il était clair qu'il me trouvait digne de confiance.

Dans la lumière du jour, j'ai enfin pu voir qu'il était très beau. Il avait un minois vraiment frappant avec de magnifiques yeux verts perçants, même si, à bien y regarder, j'ai remarqué, à cause des cicatrices sur son visage et ses jambes, qu'il avait dû se battre ou qu'il avait eu un accident. Et comme je l'avais constaté la veille, son pelage était très abîmé, il était très fin et épars à certains endroits, avec au moins une douzaine de trous qui laissaient voir la peau. Je m'inquiétais maintenant sincèrement pour lui, mais je me suis répété que m'occuper de moi représentait déjà une tâche assez ardue. Déchiré, je suis allé prendre le bus à Tottenham vers le centre de Londres et Covent Garden, où j'allais essayer encore une fois de gagner quelques sous en jouant de la guitare.

Ce soir-là, quand je suis rentré, il était déjà tard, près de 10 heures. Je suis tout de suite allé vers le couloir où j'avais vu le petit chat roux, mais aucun signe de lui. J'ai éprouvé une pointe de déception : j'avais commencé à m'attacher. Mais surtout, je me suis senti soulagé. Je me suis dit que ses propriétaires avaient dû le faire entrer quand ils étaient rentrés.

En descendant le lendemain, mon cœur s'est serré quand je l'ai revu dans la même position. Il avait l'air encore plus vulnérable et ébouriffé que les autres jours. Il grelottait, affamé.

— Alors, t'es encore là ? ai-je dit en le caressant. T'as pas l'air très en forme aujourd'hui.

Ça ne pouvait plus durer.

Alors j'ai frappé à la porte de l'appartement. Il fallait que j'agisse. Si c'était leur chat, ce n'était pas une façon de le traiter. Il lui fallait à boire et à manger, et aussi sûrement des soins médicaux.

Un type m'a ouvert. Mal rasé, en tee-shirt et pantalon de jogging, il était complètement endormi, même si c'était le milieu de l'après-midi.

— Excusez-moi de vous déranger. Est-ce que c'est votre chat ? ai-je demandé.

Il m'a jeté un regard intrigué, comme s'il me prenait pour un fou.

— Quel chat ? s'est-il enquis avant de baisser les yeux pour voir le matou lové sur le paillasson.

« Oh non, a-t-il répondu avec un haussement d'épaules désintéressé. Je le connais pas, moi, ce chat.

— Ça fait des jours qu'il est couché ici, ai-je insisté, n'obtenant de sa part qu'un regard vide.

— Ah oui ? Il a dû sentir ma cuisine ou quelque chose comme ça. Mais comme je vous l'ai dit, je le connais pas.

Il a refermé la porte.

Sur-le-champ, j'ai pris une décision.

— D'accord, mon gars, tu viens avec moi.

J'ai sorti de mon sac la boîte de biscuits que je prends toujours avec moi pour distribuer aux chats et aux chiens qui s'approchent de moi quand je joue. Je l'ai agitée devant sa truffe et tout de suite, il s'est levé pour me suivre.

Il était clair qu'il ne marchait pas d'un pas assuré, traînant une de ses pattes arrière de façon malaisée, alors nous avons pris notre temps pour escalader les cinq étages. Quelques minutes plus tard, nous étions enfin à l'abri chez moi.

Mon appartement était pour le moins dépouillé, question mobilier. À part la télé, l'équipement se limitait à un canapé-lit d'occasion, un matelas dans le coin de la petite chambre à coucher, et dans le coin cuisine, un réfrigérateur qui fonctionnait à peine, un micro-ondes, une bouilloire et un grille-pain. Pas de cuisinière. Sinon, mes livres, mes vidéos et quelques babioles.

J'ai un côté collectionneur, je ramasse toutes sortes de bricoles dans la rue. À l'époque j'avais un horodateur brisé dans un coin, et dans un autre, un mannequin cassé avec un chapeau de cow-boy – un ami a un jour appelé mon appartement « le magasin d'antiquités » –, mais alors que le matou reniflait un peu partout pour s'acclimater à son nouvel environnement, ce qui l'a attiré le plus, c'est la cuisine.

Je lui ai sorti une bouteille de lait du réfrigérateur, ai versé dans une soucoupe quelques gouttes que j'ai mélangées avec de l'eau. Je sais que, contrairement à ce qu'on pense, le lait peut être mauvais pour les chats, parce qu'en fait, ils sont intolérants au lactose. Il a tout léché en une seconde.

J'avais un peu de thon dans le réfrigérateur. Je l'ai mélangé avec des biscuits concassés et je lui ai servi le tout. Encore une fois, il a tout dévoré. « Pauvre bonhomme, il meurt de faim », me suis-je dit.

Après le froid et l'obscurité du couloir, mon appartement pouvait passer pour un palace cinq étoiles aux yeux du matou. Il semblait ravi d'être ici et après avoir mangé dans la cuisine, il est parti vers le salon et s'est blotti sur le plancher à côté du radiateur.

Quand je me suis assis par terre près de lui pour l'observer plus attentivement, je n'avais plus de doute : sa patte était abîmée. En l'examinant, j'ai trouvé un gros abcès au dos de sa patte arrière droite. La blessure avait la taille d'une grosse canine, ce qui donnait une idée de ce qui avait pu se produire. Il avait dû se faire attaquer par un chien qui s'était accroché à lui alors qu'il essayait de se sauver. Plusieurs entailles marquaient également son visage, pas loin de l'œil, son pelage et ses pattes.

J'ai stérilisé les plaies du mieux que j'ai pu en le mettant dans la baignoire. J'ai tamponné sa peau à l'aide d'un liquide non alcoolisé et sur les éraflures, j'ai appliqué de la vaseline. Beaucoup de chats auraient fait des ravages avec un traitement pareil, mais il est resté plus sage qu'une statue.

Il a passé la plus grande partie du reste de la journée blotti à ce qui était déjà devenu sa place préférée dans l'appartement, sous le radiateur. Mais il errait aussi de temps en temps dans les différents recoins, sautant ici et là et grattant tout ce qui pouvait être gratté. Après ne lui avoir prêté que peu d'attention au début, il semblait désormais beaucoup s'intéresser au mannequin qui l'attirait comme un aimant. Je m'en fichais bien. Il pouvait lui faire tout ce qu'il voulait.

Je savais que les mâles sont très vifs et débordent souvent d'énergie. Quand j'allais le caresser, il me sautait dessus pour me tâter avec ses coussinets. À un moment, il s'est tellement pris au jeu qu'il a failli me griffer.

— Eh mon gars, du calme ! ai-je dit en le soulevant et en le posant à terre.

Les jeunes mâles pas châtrés peuvent être très animés. J'imaginais bien qu'il devait être « entier » et en pleine puberté. Je ne pouvais en être certain, bien évidemment, mais cela renforçait mon impression qu'il devait sortir des rues et pas de la maison de quelqu'un.

J'ai passé la soirée devant la télévision, le chat toujours roulé en boule à côté du radiateur, manifestement heureux de se trouver là. Il n'a miaulé qu'au moment où je suis allé me coucher, se relevant et me suivant dans ma chambre pour se blottir à mes pieds, au bord du lit.

En entendant son doux ronronnement dans la pénombre, je me suis dit que ça faisait du bien de l'avoir avec moi. Il me tenait compagnie, j'imagine. Et cela faisait un moment que je n'en avais plus eu.

*

* *

Le dimanche matin, je me suis levé assez tôt et j'ai décidé de me balader dans le quartier, à la recherche de son propriétaire éventuel. J'imaginais que quelqu'un aurait accroché des affiches pour retrouver un « chat perdu ». Sur les lampadaires, les panneaux d'affichage ou même dans les abribus. En fait, j'en voyais tellement que j'avais même fini par me demander si un gang de voleurs d'animaux domestiques n'opérait pas dans mon quartier.

Au cas où j'arriverais à trouver son propriétaire tout de suite, j'ai pris le chat avec moi, l'attachant à une laisse que j'avais confectionnée avec un lacet de chaussure pour qu'il ne lui arrive pas des embrouilles. Il était content de descendre l'escalier avec moi.

Dehors, il s'est mis à tirer sur le lacet comme s'il tenait absolument à marcher devant moi. J'imaginais qu'il voulait en fait se soulager. Et en effet, il est allé droit dans un carré de verdure protégé par des buissons, juste à côté d'un immeuble voisin et a disparu une ou deux minutes pour répondre à l'appel de la nature. Il est revenu ensuite et a repris sa place devant moi.

« Il doit vraiment me faire confiance », me suis-je dit. Et tout de suite, j'ai pensé qu'il fallait absolument que je le récompense de cet honneur qu'il me faisait, en essayant de l'aider.

J'ai commencé mes recherches par la vieille dame qui habitait de l'autre côté de la rue. Elle était connue dans le quartier pour s'occuper des chats. Elle nourrissait tous les chats errants et les faisait stériliser si nécessaire. Quand elle a ouvert la porte, j'en ai vu au moins cinq à l'intérieur. Dieu sait combien encore elle en gardait dans sa cour. On aurait dit que tous les chats de la terre s'étaient passé le mot, sachant qu'on y était mieux reçu que partout ailleurs. Je ne savais pas comment elle trouvait l'argent pour leur donner à manger à tous.

Elle a vu le matou et s'est enthousiasmée immédiatement, lui offrant un petit biscuit.

C'était une femme charmante, mais elle ne savait pas d'où il pouvait venir. Elle ne l'avait jamais vu dans le coin.

— Je pense qu'il doit venir d'un autre quartier de Londres. Ça ne m'étonnerait pas qu'on l'ait abandonné ici, a-t-elle dit.

Elle a promis de garder l'œil et l'oreille ouverts au cas où.

Je me disais qu'elle avait sûrement raison, il n'était pas de Tottenham.

Intrigué, j'ai libéré le chat de sa laisse pour voir quelle direction il prendrait. Mais en se promenant dans les rues, il était évident qu'il ne savait pas où il allait. Il avait l'air complètement perdu. Il me jetait des regards qui voulaient dire : « Je ne sais pas où je suis, je veux rester avec toi. »

Nous sommes restés dehors pendant quelques heures. À un moment, il est de nouveau parti se cacher dans des buissons pour faire ses besoins, me laissant demander à tous les passants s'ils le reconnaissaient. Tout ce que j'ai reçu de leur part était des regards vides et des haussements d'épaules.

Et manifestement, il ne voulait pas me quitter. Alors que nous avancions, je ne pouvais m'empêcher de réfléchir à son passé : d'où il venait et quelle sorte de vie il avait menée avant de venir s'installer sur le paillasson du rez-de-chaussée.

Une partie de moi était convaincue que la « dame des chats » avait raison et qu'il était un chat domestique. C'était un beau matou et il avait dû être acheté comme cadeau de Noël ou d'anniversaire. Les rouquins peuvent être un peu fous et pire si on ne les castre pas, comme je l'avais déjà constaté. Ils peuvent se montrer très dominateurs, bien plus que les autres mâles. Selon moi, quand il était devenu trop bagarreur et folâtre, ses maîtres n'avaient plus su comment le maîtriser.

J'imaginais les parents dire : « Maintenant, ça suffit ! » et plutôt que de l'amener dans un refuge ou à la SPA, le balancer de la voiture dans la rue ou sur la route.

Les chats ont un incroyable sens de l'orientation, mais il avait sûrement été abandonné loin de chez lui et n'était pas revenu. Ou peut-être qu'il avait compris qu'il ne servait à rien de retourner chez ces gens qui ne voulaient pas de lui et avait décidé de se trouver un nouveau foyer.

Mon autre théorie était qu'il avait appartenu à une personne âgée qui était morte.

Bien sûr, peut-être que ce n'était rien de tout cela. Le fait qu'il refusait de faire ses besoins chez moi contredisait ces hypothèses. Mais plus j'apprenais à le connaître, plus j'étais convaincu qu'il avait déjà eu l'habitude d'être avec un maître. Il semblait s'accrocher à la personne qui acceptait de s'occuper de lui. C'est ce qu'il avait fait avec moi, du moins.

Le principal indice concernant son passé était sa blessure à la patte, qui n'était vraiment pas jolie à voir. Elle provenait vraisemblablement d'une bagarre. Vu comme le pus en sortait, elle devait avoir quelques jours déjà, peut-être même une semaine. Cela me suggérait une autre possibilité.

Les chats errants envahissent les rues de Londres, se nourrissant des déchets et des friandises d'inconnus. Il y a cinq ou six cents ans, des rues comme Green et Drury Lane étaient de véritables « rues de chats », littéralement polluées par ces créatures, qui ressemblaient plus à des épaves agressives et bagarreuses qui luttaient quotidiennement pour leur survie. Beaucoup étaient à l'image de ce matou roux : amoindris, légèrement détruits.

Peut-être qu'il avait trouvé en moi une bonne âme.

## 2.

## La voie du rétablissement

Depuis mon enfance, j'avais été entouré de chats, et je pense que je les comprends assez bien. Plusieurs siamois s'étaient succédé dans ma famille et je me souviens qu'à un moment, nous avions également eu un très beau chat écaille de tortue. J'ai en général de bons souvenirs de tous ces compagnons, mais celui qui domine, je suppose naturellement, est le plus sombre.

J'ai grandi entre l'Angleterre et l'Australie et pendant un moment, nous avons habité dans un endroit qui s'appelle Craigie, en Australie-Occidentale. Là-bas, nous avons eu un merveilleux chat à l'épais pelage blanc touffu. Je ne me souviens pas exactement d'où nous l'avions reçu, mais si mes souvenirs sont exacts, je pense que c'est un fermier du coin qui nous l'avait offert. En tout cas, ce qui était sûr, c'est qu'il venait d'une maison horrible. Pour une raison que j'ignore, on ne lui avait pas fait passer de visite médicale avant de nous le donner. Et il s'est avéré que la pauvre bête était infestée de puces.

On ne l'avait pas tout de suite vu. Le problème

était que le chaton avait une telle fourrure épaisse que les puces s'y étaient enfouies sans que personne ne s'en aperçoive. Les puces sont des parasites, évidemment, elles sucent le sang d'autres créatures pour se maintenir elles-mêmes en vie. Et elles avaient pratiquement vidé ce pauvre minou avant qu'on ne remarque quoi que ce soit. Quand nous nous en sommes enfin aperçus, il était trop tard. Ma mère l'a amené chez le vétérinaire mais on lui a dit que la limite avait été franchie pour lui. Il avait toutes sortes d'infections et d'autres problèmes. Il est mort en quelques semaines après ce diagnostic. J'avais cinq ou six ans à cette époque, et j'étais effondré, tout comme ma mère.

J'ai souvent repensé à ce chaton après, en général quand je croisais un chat blanc. Mais ce week-end en particulier, il occupait beaucoup mes réflexions, alors que je passais du temps avec mon nouveau compagnon. Je voyais que son pelage était en mauvais état ; par endroits, il n'existait même plus. Je craignais plus que tout qu'il connaisse le même sort que mon chat blanc.

Assis avec lui dans mon salon, ce dimanche après-midi, j'ai pris une décision : je n'allais pas laisser la même situation se reproduire. Je n'allais pas me voiler la face en me persuadant que les soins que je lui avais apportés suffisaient. Je n'allais pas attendre de voir.

Il fallait que je le montre à un vétérinaire, je savais que mon remède maison ne guérirait pas sa patte blessée. Je n'avais aucune idée des autres problèmes de santé dont il risquait de souffrir, mais il valait mieux ne pas traîner à le découvrir. Alors j'ai décidé de me lever tôt le lendemain matin et de l'amener au centre de RSPCA – la société pour la prévention de la cruauté envers les animaux – le plus proche de chez moi, au bout de la Seven Sisters Road, vers Finsbury Park.

J'ai réglé mon réveil à la première heure et me suis levé pour servir au chat un bol de thon mélangé à des biscuits. Une autre matinée grisâtre commençait, mais la morosité de la journée ne devait pas me servir d'excuse pour repousser mon projet.

Vu l'état de sa patte, je savais qu'il ne pourrait pas tenir toute la route : cela faisait tout de même une heure et demie de marche. Alors j'ai décidé de le porter et, pour cela, je l'ai placé dans un bac de recyclage vert. Ce n'était pas l'idéal, mais je n'ai rien trouvé de mieux. Dès notre départ, il était clair que ma solution ne lui convenait pas. Il n'arrêtait pas de bouger, glissant ses pattes sous le couvercle et essayant de s'échapper. J'ai fini par renoncer.

— Allez, viens, ai-je lancé en le prenant sur mon bras libre, la boîte de recyclage dans l'autre.

Rapidement, il s'est hissé sur mon épaule et s'y est installé. Je l'ai laissé là sur tout le chemin, portant la boîte vide jusqu'au centre de soins.

À l'intérieur, on se serait cru dans une scène d'apocalypse. L'endroit était bondé, surtout par des chiens et leurs maîtres, pour la plupart de grands adolescents ou de jeunes adultes, le crâne rasé et des tatouages agressifs un peu partout sur le corps. Soixante-dix pour cent des chiens étaient des Staffordshire bull-terrier qui s'étaient sûrement blessés dans des combats avec d'autres chiens, pour amuser leurs propriétaires.

On parle toujours des Anglais comme d'un peuple qui aime les animaux. Je ne voyais pas beaucoup d'amour dans cette pièce. La façon dont certaines personnes traitent leurs animaux de compagnie me dégoûte vraiment.

Le chat venait s'asseoir sur mes genoux ou mon épaule. Il était nerveux, et c'était bien normal. La plupart des chiens dans la salle d'attente lui grognaient dessus. Un ou deux étaient même retenus très fort par leur laisse pour éviter qu'ils ne se jettent sur lui.

L'un après l'autre, les chiens étaient appelés dans le cabinet. Chaque fois que l'infirmière apparaissait, c'était la déception pour nous. On a en fin de compte dû patienter quatre heures et demie avant d'être reçus.

— Monsieur Bowen, le docteur va vous recevoir, a-t-elle enfin annoncé.

C'était un vétérinaire d'une cinquantaine d'années. Il affichait sur son visage le genre d'expression hautaine et condescendante qu'on voit parfois. C'était peut-être dû à toute cette agressivité que nous venions de subir dans la salle d'attente, mais je me suis tout de suite senti à cran avec lui.

— Alors, quel est le problème ? a-t-il demandé.

Je savais bien que ce n'était qu'une simple entrée en matière, mais je me suis retenu de rétorquer : « Si je le savais, je serais pas ici. »

Je lui ai raconté comment j'avais trouvé ce chat dans l'entrée de mon bâtiment et je lui ai montré l'abcès sur l'arrière de sa patte.

— Allez, on va l'examiner rapidement.

On voyait que l'animal souffrait, alors il lui a donné une dose de diazépam pour le soulager. Il m'a ensuite expliqué qu'il allait me donner une ordonnance pour deux semaines d'amoxicilline pour chats.

— Revenez me voir si ça ne va pas mieux dans quinze jours.

J'ai profité de l'occasion pour lui demander de vérifier les puces. Il a jeté un rapide coup d'œil à son pelage pour me dire qu'il n'en voyait pas.

— Mais il vaut sans doute mieux que vous lui donniez des cachets. Ça peut être un problème pour les jeunes chats.

Encore une fois, j'ai réprimé mon envie de lui dire que je le savais. Je l'ai observé rédiger une ordonnance pour ça aussi.

Il faut bien reconnaître qu'il a regardé de sa propre initiative si le matou avait un implant électronique. Non. Ce qui confirmait encore que c'était un chat des rues.

— Il faudrait que vous le fassiez quand vous en aurez l'occasion, a-t-il conseillé. Et ce serait bien aussi que vous le fassiez stériliser le plus vite possible, a-t-il ajouté, me tendant une brochure et le dépliant publicitaire d'une campagne de stérilisation gratuite pour chats errants.

Vu comme il mettait mon appartement sens dessus dessous et combien il pouvait être chahuteur avec moi, je ne pouvais qu'être du même avis.

— Je pense que c'est une bonne idée, ai-je répliqué en souriant, m'attendant au moins à ce qu'il enchaîne avec un « pourquoi ? ».

Mais il ne semblait pas le moins du monde intéressé. Il se dépêchait surtout de consigner ses notes dans son ordinateur et d'imprimer l'ordonnance. C'était une vraie usine ici, et il travaillait manifestement à la chaîne. Au suivant ! Pas sa faute à lui, la faute au système.

Après quelques minutes seulement, nous avions terminé. En sortant de la clinique du vétérinaire, je suis allé directement dans une pharmacie avec l'ordonnance.

La jeune femme en blouse blanche derrière son comptoir était un peu plus sympathique.

— C'est un adorable petit monsieur, ça, a-t-elle complimenté. Ma mère avait un chat roux. Son compagnon préféré, elle n'en a jamais eu de meilleur. Un caractère incroyable. Il restait assis à ses pieds à regarder le monde défiler sous ses yeux. Une bombe aurait pu exploser, il ne l'aurait pas quittée.

Elle a tapoté sur sa caisse et la facture est sortie.

— Ça fera vingt-deux livres, s'il vous plaît.

Mon cœur s'est arrêté un instant de battre.

— Vingt-deux livres ! Vraiment ? me suis-je écrié.

Je n'avais que trente livres en tout et pour tout sur moi et ailleurs.

— Eh oui, m'a confirmé la pharmacienne, compatissante, mais ferme à la fois.

Je lui ai tendu les trente livres en liquide et elle m'a rendu la monnaie.

C'était une grosse somme pour moi. Une journée de salaire. Mais je n'avais pas le choix : je ne pouvais pas laisser tomber mon meilleur ami.

— On dirait bien qu'on est coincés ensemble pour encore deux semaines, ai-je lancé au chat alors que nous sortions de la boutique et commencions la longue promenade jusqu'à la maison.

Et c'était vrai. Je n'allais pas me débarrasser de lui avant au moins quinze jours, le temps qu'il prenne son traitement. Personne d'autre ne s'assurerait qu'il prenne ses cachets et je ne pouvais pas le laisser partir dans les rues, de peur qu'il attrape une infection.

Je ne sais pas pourquoi, mais la responsabilité de l'avoir avec moi me dynamisait un peu. J'avais l'impression d'avoir un nouveau but dans la vie, quelque chose de bien à faire pour quelqu'un d'autre que moi-même.

Cet après-midi-là, je suis entré dans un magasin pour

lui acheter une petite réserve de nourriture. On m'avait donné un échantillon de pâtée pour chat à la RSPCA et j'avais essayé de la lui proposer. Ça lui avait plu, alors j'en ai acheté un sac entier. Je lui ai aussi acheté des boîtes. Le tout m'a coûté près de neuf livres, ce qui était vraiment tout ce qui me restait.

Ce soir-là, je l'ai laissé seul pour aller jouer à Covent Garden. J'avais maintenant deux bouches à nourrir.

Au cours des quelques jours suivants, alors que je le remettais sur pied, j'ai appris à le connaître un peu mieux. Je lui avais donné un nom : Bob. L'idée m'est venue en regardant un DVD d'une de mes séries préférées, *Twin Peaks*. Un des personnages s'appelle Killer Bob. C'est en fait un schizophrène, style docteur Jekyll et M. Hyde. La plupart du temps, il est normal, un gars sans histoire, et tout à coup il se déchaîne et devient complètement incontrôlable. Le chat était un peu comme ça. Quand il était heureux et satisfait, on n'aurait pu rêver d'un minou plus calme et plus gentil. Mais quand ça lui prenait, il pouvait se transformer en tornade absolue, retournant tout l'appartement. Un soir que je parlais à mon amie Belle dans mon appartement, ça m'a frappé comme une évidence.

— Il est un peu comme Killer Bob dans *Twin Peaks*, ai-je dit, ne recevant qu'un regard vide en retour.

Mais peu importe. Ce serait Bob.

J'étais arrivé à la conclusion quasi certaine que Bob avait vécu dans la rue jusqu'alors. Quand il devait faire ses besoins, il refusait obstinément d'aller dans la litière que j'avais achetée pour lui. Il fallait que je le sorte pour le laisser se soulager dans les jardins qui entouraient notre immeuble. Il se ruait dans les herbes hautes, faisait ce qu'il avait à faire et grattait la terre pour recouvrir le résultat.

En le regardant, un matin, procéder à son rituel quotidien, je me suis demandé s'il avait appartenu à des gens du voyage. Ils étaient assez nombreux autour de Tottenham. En fait, ils avaient un campement sur un terrain vague à côté de ma résidence. Peut-être que la famille dans laquelle il vivait ne l'avait pas emporté avec elle le jour du déménagement. En tout cas, il n'était assurément pas un chat d'appartement, aucun doute là-dessus.

Et il était également évident qu'il commençait vraiment à s'attacher à moi. Comme je m'attachais à lui, d'ailleurs. Au début, il restait un peu méfiant, même s'il s'était montré tout de suite affectueux. Mais au fil du temps, il devenait de plus en plus confiant et amical. Il pouvait encore être bagarreur et même agressif parfois. Mais désormais, je savais que c'était dû au fait qu'il devrait être stérilisé.

Notre vie s'était installée dans une forme de routine. Je laissais Bob dans l'appartement le matin et je partais pour Covent Garden où je jouais jusqu'à ce que je rapporte assez d'argent. Quand je rentrais, il m'attendait sur le pas de la porte. Ensuite, il me suivait vers le canapé et regardait la télé avec moi.

Je prenais de plus en plus conscience de son intelligence. Il était clair qu'il comprenait tout ce que je lui disais.

Quand je tapotais le canapé pour l'inviter à s'asseoir à côté de moi, il le faisait. Il comprenait aussi quand je lui disais que c'était l'heure pour lui de prendre ses médicaments. Chaque fois, je pouvais lire dans ses yeux : « Il le faut vraiment ? » Mais il ne se débattait pas quand je lui mettais le comprimé dans la gueule et que je frottais doucement sa gorge pour qu'il l'avale. La plupart des chats piquent une crise si on tente de leur ouvrir les mâchoires. Mais il avait déjà confiance en moi.

C'est à cette période que je me suis dit que ce chat avait véritablement quelque chose de spécial. Je n'avais jamais rencontré un chat comme Bob.

Il était loin d'être parfait. Il savait où trouver la nourriture et faisait régulièrement des descentes dans la cuisine, renversant les casseroles et les poêles en cherchant à manger. Les portes des placards et du réfrigérateur étaient déjà lacérées de ses coups de griffes frénétiques.

Mais pour lui rendre justice, il écoutait quand je disais « non ».

Tout ce que j'avais à faire, c'était dire : « Non, pars d'ici, Bob », et il s'en allait. Encore une fois, cela prouvait comme il était intelligent. Et encore une fois, cela éveillait chez moi tout un tas de questions sur ses origines. Est-ce qu'un chat des rues obéirait de cette façon à un être humain ? J'en doutais.

J'appréciais vraiment la compagnie de Bob tout en restant conscient qu'il fallait que je fasse attention. Il ne fallait pas que je m'attache trop parce que tôt ou tard, il voudrait retourner dans la rue. Ce n'était pas le type de chat qui voudrait être cocooné pour toujours. Ce n'était pas un chat domestique.

En tout cas, pour l'instant, je lui servais d'infirmier et je n'avais pas l'intention de le décevoir. Je devais le préparer au mieux à son retour dans les rues, alors un matin, j'ai rempli le formulaire que le vétérinaire de la RSPCA m'avait donné pour le faire stériliser gratuitement. Je l'ai envoyé par la poste et à ma grande surprise, j'ai reçu une réponse dans les deux jours.

L'enveloppe contenait un certificat nous donnant droit à une opération gratuite.

Le lendemain matin, j'ai une nouvelle fois descendu Bob pour qu'il se soulage. La litière que je lui avais achetée restait intacte. Il n'en voulait pas, c'était clair.

Il s'est dirigé toujours vers le même endroit dans les buissons à côté de l'immeuble voisin ; apparemment c'était son emplacement préféré pour faire ses besoins. Je supposais que ça avait un rapport avec le fait de marquer son territoire, comme je l'avais lu une fois dans un magazine scientifique.

Comme d'habitude, après une minute ou deux d'effort, il a passé le reste du temps à nettoyer après son passage. La propreté et la méticulosité des chats ne cesseront jamais de m'étonner. Pourquoi est-ce si important pour eux ?

Il s'était assuré que tout était en ordre, et se préparait à revenir me trouver quand soudain, il s'est figé, comme s'il avait aperçu quelque chose. J'étais sur le point de venir voir ce qui le dérangeait, quand j'ai compris.

Tout à coup, Bob a bondi à une vitesse remarquable. Tout s'est passé en un temps record. Avant que je puisse réagir, Bob s'était emparé de ce qui bougeait à côté de la haie, dans l'herbe. Je me suis approché pour regarder de plus près et j'ai vu une petite souris grise, pas plus de sept, huit centimètres, qui sortait de sa gueule.

La petite bête avait essayé de passer discrètement à côté de lui, mais en vain. Bob avait surgi plus rapidement que l'éclair et avec une précision impitoyable, et à présent, il tenait fermement la pauvrette entre ses crocs. Pas joli à regarder. Les pattes de la souris s'agitaient et Bob repositionnait tranquillement son corps plus confortablement entre ses mâchoires pour achever sa proie. Ça n'a pas été très long, la petite souris a vite renoncé à se battre. Bob l'a alors recrachée sur l'herbe.

J'avais bien une idée de ses intentions, mais je ne voulais pas qu'il la mange. Les souris véhiculent toutes sortes de maladies, c'est bien connu. Alors je me suis agenouillé pour essayer de la ramasser. Furieux, il a manifesté son désaccord par un grognement mécontent et l'a reprise.

— Donne-la-moi, Bob, ai-je dit, restant sur mes positions. Donne-la-moi.

L'idée ne l'enchantait pas et il m'a adressé un regard qui signifiait : « Et pourquoi je devrais ? »

J'ai sorti de ma poche un biscuit pour l'échanger contre la souris.

— Prends ça plutôt, Bob, c'est meilleur pour toi.

Il n'était toujours pas convaincu, mais après quelques minutes encore, le duel a pris fin et il a cédé. Dès qu'il s'est éloigné de la souris, je l'ai ramassée par la queue pour la jeter dans une poubelle.

C'était un nouveau rappel de ce qui, pour moi en tout cas, est une évidence fascinante au sujet des chats : ce sont des prédateurs féroces par nature. Les gens n'aiment pas penser à leur gentil petit minou comme à un cruel tueur, et pourtant c'est bien ce que sont les chats, quand on leur en donne l'occasion. Dans certains endroits du monde, en Australie par exemple, il existe des lois très strictes concernant les chats. Il est interdit de les laisser dehors la nuit à cause des carnages qu'ils pourraient causer chez les oiseaux et les rongeurs.

Bob venait de m'apporter une autre confirmation. Son sang-froid, sa vitesse et son talent de tueur étaient impressionnants à regarder. Il savait exactement comment s'y prendre.

Cela m'a fait une nouvelle fois réfléchir à la vie qu'il avait menée avant d'arriver dans ma résidence : quelle sorte d'existence il avait connue, où il avait vécu et comment il avait survécu. Est-ce qu'il avait chassé comme cela tous les jours pour survivre ? Est-ce qu'il avait grandi chez des gens ou bien toujours seul dans les rues ? Comment était-il devenu le chat qu'il était aujourd'hui ? J'aurais adoré le savoir. J'étais sûr que mon ami le chat des rues avait une ou deux histoires à raconter.

D'une certaine façon, nous avions aussi cela en commun avec Bob.

À partir du moment où j'ai échoué dans la rue, où j'ai commencé à vivre à la dure, les gens se sont posé des questions sur mon passé. Comment j'en étais arrivé là, me demandaient-ils. Pour certains, cela faisait partie de leur travail, bien sûr. J'ai parlé à des dizaines de travailleurs sociaux, de psychologues et d'officiers de police qui m'ont interrogé sur ma situation. Mais beaucoup de gens me posaient aussi la question comme ça.

Je ne sais pas pourquoi, mais il faut croire que le mystère de la décadence totale d'un être humain – comment peut-on tomber aussi bas ? – exerce une réelle fascination. Je suppose que c'est dû à la peur de chacun que cela lui tombe dessus, la crainte de l'homme qui s'en remet à Dieu. Mais je pense que cela rassure aussi les gens sur leur propre vie. Comme ça, ils se disent : « Ma vie n'est peut-être pas parfaite, mais ça aurait pu être pire, j'aurais pu être ce pauvre bougre. »

La réponse à cette question est différente pour chacun, j'imagine. Mais il existe des similarités. Souvent l'alcool et la drogue jouent un rôle important dans l'histoire. Mais dans un nombre incroyable de cas, la route qui les a conduits à vivre dans la rue remonte à leur plus jeune âge, et à leur relation avec leur famille. En tout cas, pour moi, c'est indéniable.

J'ai vécu une enfance déracinée, principalement parce que j'étais tout le temps trimballé entre l'Angleterre et l'Australie. Je suis né dans le Surrey, mais quand j'ai eu trois ans, ma famille a déménagé à Melbourne. Mes parents étaient déjà séparés. Alors que mon père est resté dans le Surrey, ma mère a fui une situation qui se dégradait en acceptant un poste pour Rank Xerox, la compagnie de photocopieurs, à Melbourne. Elle excellait vraiment dans la boîte, c'était même l'une des meilleures vendeuses.

Mais ma mère ne tenait pas en place, et après environ deux ans, nous avons quitté Melbourne pour l'Australie-Occidentale. Nous y sommes restés trois ou quatre ans, jusqu'à mes neuf ans à peu près. La vie en Australie était assez agréable. Nous avons habité dans une série de grands pavillons, chacun avec son immense jardin à l'arrière. J'avais toute la place dont un petit garçon pouvait rêver pour jouer et explorer le monde, et j'aimais les paysages australiens. Le problème, c'est que je n'avais pas d'amis.

J'avais surtout beaucoup de mal à me faire ma place à l'école, principalement du fait que nous déménagions souvent. Mes chances de parvenir à trouver mes marques ont disparu quand j'ai eu neuf ans et que nous sommes retournés en Angleterre, dans le Sussex, à côté de Horsham. J'étais content d'être de retour au Royaume-Uni et je garde de très bons souvenirs de cette époque. Je commençais juste à m'acclimater à la vie dans l'hémisphère Nord quand ma mère a décidé de retourner en Australie-Occidentale, quand j'avais dans les douze ans.

Cette fois, on s'est retrouvés dans un endroit appelé Quinn's Rock, le rocher de Quinn. Je pense que c'est là que beaucoup de mes problèmes ont débuté. À cause de tous ces voyages, nous n'avons jamais vécu dans une même maison plus de deux ans. Ma mère achetait et vendait toujours, et déménageait tout le temps. Je n'ai jamais eu de point d'attache fixe. En fait, on menait plutôt une existence de nomades.

Je ne suis pas psychologue, même si j'en ai rencontré un certain nombre dans ma vie. Il est très clair que nous avons beaucoup trop bougé et ce n'était pas une bonne chose pour un enfant. Cela a rendu très difficile mon apprentissage de la vie en société. À l'école, j'avais beaucoup de mal à me faire des amis. J'étais lourdingue. J'essayais d'impressionner, ce qui n'est jamais une bonne chose quand on est enfant. Cela a même abouti au résultat inverse : j'ai fini par être persécuté dans toutes les écoles où j'étais inscrit. C'est à Quinn's Rock que ça a été le pire.

Je devais sans doute sortir du lot avec mon accent britannique et mon besoin de plaire. Je suis devenu une cible humaine, vraiment. Un jour, les autres gamins ont décidé de me lancer des pierres. Au sens propre. Quinn's Rock ne s'appelait pas ainsi sans raison et mes camarades se faisaient une joie de ramasser tous les morceaux de roche calcaire répandus un peu partout pour me les balancer. Mon corps était recouvert de bleus quand je rentrais à la maison après l'école.

Que je ne m'entende pas avec mon beau-père de l'époque n'arrangeait rien. Nick, un connard selon l'adolescent que j'étais, et c'est comme ça que je l'appelais, Nick le connard. Ma mère l'avait rencontré quand elle était entrée dans les forces de l'ordre à Horsham et avec lui, nous sommes repartis en Australie.

Toute mon adolescence, nous avons continué à vivre comme des bohémiens. Nos déplacements étaient liés aux différentes aventures professionnelles de ma mère. C'était une femme d'affaires brillante. À un moment, elle s'est lancée dans les formations vidéo. Ça avait bien marché pendant un moment, et ensuite elle a créé son propre magazine, *City Woman*, qui, lui, n'a pas connu le même succès. Il nous arrivait d'être très à l'aise financièrement, ou au contraire de nous serrer la ceinture. Mais jamais nous ne restions dans le besoin très longtemps. C'était une vraie chef d'entreprise.

Vers mes quinze ans, j'avais pratiquement renoncé à l'école. Je ne voulais plus y aller parce que j'en avais assez d'être harcelé. Je ne m'entendais pas non plus avec Nick, et j'étais très libre et indépendant.

Je suis devenu un vaurien, une petite terreur, qui rentrait tard dans la nuit, provoquant ma mère et rejetant son autorité, quelle que soit la forme qu'elle prenait. Pas étonnant que je sois vite devenu un expert pour me mettre dans le pétrin, un talent que je n'ai jamais vraiment perdu.

Comme on pouvait s'y attendre, je suis tombé dans la drogue, au début en reniflant de la colle, sans doute pour échapper à la réalité. Je ne suis pas devenu accro à ça. Je ne l'ai fait qu'une ou deux fois en regardant un autre gamin en sniffer. Mais c'était le point de départ du processus. Après ça, je me suis mis à fumer des joints et à respirer du toluène, un solvant industriel qu'on trouve dans le vernis à ongles et dans la colle. Tout était lié, j'avais adopté un état d'esprit, j'entrais dans un cycle. Une dépendance conduisait naturellement à une autre et encore une autre. J'étais en colère. J'avais l'impression que la poisse coulait dans mes veines.

L'enfant de sept ans est le reflet de l'homme à venir, à ce qu'on dit. Je ne suis pas sûr qu'on aurait pu lire mon avenir quand j'avais sept ans, mais en tout cas, quand j'en avais dix-sept, il n'était pas difficile d'imaginer ce qui m'attendait. Je m'étais engagé sur la voie de l'autodestruction.

Ma mère a déployé des efforts insensés pour me sortir de la drogue. Elle voyait bien les dégâts que je causais, et encore pire, les problèmes que j'allais rencontrer si je ne décrochais pas. Elle a fait tout ce que font les mères. Elle a fouillé mes poches à la recherche de drogue et m'a même enfermé dans ma chambre à plusieurs reprises. Mais les verrous dans notre maison étaient le modèle le plus simple. J'ai vite appris à les crocheter facilement avec une pince à cheveux. Ils s'ouvraient sans problème et j'étais libre. Je n'allais tout de même pas me laisser emprisonner par elle, ni par personne d'autre, d'ailleurs. Nous nous disputions encore plus, bien sûr, et inévitablement la situation a empiré. Maman m'a même fait interner dans un hôpital psychiatrique à un moment. On lui a sorti tous les diagnostics de la terre à mon sujet : schizophrénie, syndrome bipolaire, hyperactivité, trouble de l'attention. Bien sûr, moi, je me disais que ce n'étaient que des foutaises. J'étais un adolescent paumé qui pensait tout savoir mieux que tout le monde. Maintenant, avec le recul, je comprends combien ma mère a dû s'inquiéter pour moi. Elle a dû se sentir impuissante et terrifiée de ce qui pourrait m'arriver. Mais je me fichais complètement des autres et de ce qu'ils pouvaient bien éprouver. Ça m'était égal et je n'écoutais personne.

La situation est devenue tellement tendue entre nous que pendant quelque temps, j'ai habité dans des foyers de charité chrétiens. Je n'y faisais rien de spécial. Je me droguais et jouais de la guitare. Pas forcément dans cet ordre.

Autour de mon dix-huitième anniversaire, j'ai annoncé que je retournais vivre à Londres avec ma demi-sœur, issue d'un précédent mariage de mon père. Le début de la descente aux enfers.

À l'époque, j'avais juste l'impression de lancer ma vie d'adulte dans le monde, comme n'importe quel autre adolescent. Ma mère m'avait accompagné jusqu'à l'aéroport en voiture. À un feu rouge, elle m'avait déposé, je lui avais donné un baiser sur la joue pour lui dire au revoir. Nous pensions tous les deux que je partais pour six mois. C'était l'idée de départ. Six mois pour réaliser mon grand rêve de démarrer une carrière de musicien. Mais rien ne s'est vraiment passé comme prévu.

Au début, j'ai habité avec ma demi-sœur dans le sud de Londres. Son mari n'avait pas particulièrement vu mon arrivée d'un bon œil. Comme je l'ai expliqué, j'étais un ado rebelle, gothique et certainement hyper pénible à vivre, surtout que je ne contribuais pas aux frais du foyer.

En Australie, j'avais travaillé dans les télécommunications, à vendre des portables, mais en Angleterre, je n'ai pas réussi à dénicher un boulot correct. Le premier était un poste de barman. Mais je n'avais pas la tête de l'emploi et on m'a renvoyé après s'être servi de moi pour remplacer le personnel pendant les vacances de Noël 1997. Comme si ça ne suffisait pas, mes employeurs ont écrit à la Sécurité sociale une lettre déclarant que j'avais démissionné, me privant des indemnités auxquelles j'aurais eu droit, étant citoyen britannique.

Après cela, mon beau-frère tolérait ma présence avec encore plus de réticences. Au bout du compte, lui et ma demi-sœur m'ont mis à la porte. J'avais pris contact avec mon père et je lui avais rendu visite une ou deux fois, mais il était clair qu'on ne pourrait pas s'entendre. On se connaissait à peine, alors emménager chez lui n'était même pas envisageable. J'ai commencé à dormir chez les uns et les autres, par terre ou sur leurs canapés. Très vite, je me suis mis à vivre comme un vagabond, avec mon sac de couchage sur le dos pour le poser dans les différents appartements et squats que je trouvais à Londres. Et après, ça a été la rue.

Les choses ont vite dégringolé à partir de là.

Vivre dans les rues de Londres vous dépouille de votre dignité, de votre identité, de tout ce que vous êtes vraiment. Et le pire de tout : cela réduit à néant l'opinion que les autres ont de vous. Parce que vous vivez dans la rue, ils vous traitent comme une non-personne. Ils ne veulent surtout rien avoir à faire avec vous. Très vite, vous n'avez plus aucun vrai ami sur la planète. Au début, j'ai réussi à me trouver un boulot de plongeur. Mais j'ai tout de suite été renvoyé quand mon patron a appris que j'étais SDF, alors que je n'avais commis aucune erreur. Quand vous êtes dans cette position, vous n'avez vraiment pas beaucoup d'ouvertures.

La seule chose qui aurait pu me sauver, ç'aurait été de retourner en Australie. J'avais mon billet retour, mais deux semaines avant le vol, je n'arrivais plus à remettre la main sur mon passeport. Je n'avais pas de papiers de travail et de toute façon pas l'argent pour m'en faire refaire un autre. Tout espoir de retrouver ma famille en Australie avait disparu. Et d'une certaine façon, moi aussi, j'avais un peu disparu.

La suite est brouillée dans un nuage de drogue, d'alcool, de petits délits et d'un profond désespoir. Et bien sûr, que je commence à développer une dépendance pour l'héroïne n'avait pas aidé.

Au début, je n'en prenais que pour arriver à dormir la nuit dans la rue. Cela m'anesthésiait du froid et de la solitude. L'héroïne m'emportait ailleurs. Malheureusement, elle a aussi emporté mon âme. En 1998, j'étais complètement accro. J'ai sûrement frôlé la mort à plusieurs reprises, même si pour être vraiment honnête, j'étais tellement défoncé que je n'en ai aucun souvenir.

Pendant cette période, je n'ai même pas pensé à prendre contact avec un membre de ma famille. J'avais disparu de la surface de la terre, et je m'en fichais royalement. J'étais trop occupé à essayer de survivre. Maintenant que je regarde en arrière, je ne peux que m'imaginer l'enfer qu'ils ont dû traverser. Ils devaient se ronger d'angoisse.

J'ai goûté à la peine que je causais l'année qui a suivi mon arrivée à Londres et neuf mois à peu près après que j'ai commencé à vivre à la dure.

J'avais appelé mon père au tout début, mais cela faisait des mois que je ne lui avais plus parlé. Autour de la période de Noël, j'ai décidé de lui passer un coup de fil. Sa femme, ma belle-mère, a répondu. Il refusait de prendre le combiné et m'a fait attendre un bon bout de temps, tellement il était en colère contre moi.

— T'étais où, bordel ? ! On se fait tous un sang d'encre, ici ! a-t-il hurlé, quand il a enfin réussi à se calmer assez pour parler.

J'ai prononcé quelques excuses pitoyables, mais il n'a fait que m'incendier de plus belle.

Il m'a dit que ma mère l'avait appelé, désespérée, pour tenter de me retrouver. Ça voulait tout dire de son inquiétude. Les deux ne se parlaient jamais. Il m'a crié dessus pendant bien cinq minutes. Je me rends compte aujourd'hui que c'était un mélange d'épanchement et de colère. Il m'avait sans doute cru mort, ce qui n'était pas entièrement faux.

Cette période de ma vie a duré un peu plus d'un an. C'est une association caritative qui a fini par me repêcher dans la rue. J'avais dormi dans différents refuges, Connections, à Saint Martin Lane, par exemple. Ou dans le marché en face.

On m'a inscrit sur les listes d'hébergement des personnes en situation précaire, qui me donnaient la priorité dans l'attribution d'un logement social pour handicapé. Le problème, c'est qu'au cours des dix ans qui ont suivi, je me suis retrouvé à vivre dans d'infâmes hôtels ou Bed and Breafkast et des maisons sordides, en compagnie d'héroïnomanes ou pire, qui volaient tout ce qu'on n'enfermait pas à double tour. Tout ce que j'avais m'était dérobé à un moment ou à un autre. Je devais dormir avec mes biens personnels glissés dans mes habits. Je ne pouvais penser qu'à ma survie.

Inévitablement, ma dépendance à la drogue a empiré. Avant mes trente ans, je passai par la case cure de désintoxication. Il a fallu deux mois pour que j'arrive à décrocher et ensuite, j'ai participé à un programme de réinsertion des toxicomanes. Pendant un moment, la visite quotidienne chez le pharmacien et le voyage en bus tous les quinze jours jusqu'à un centre de Camden sont devenus le centre d'intérêt de ma vie, presque comme un réflexe. Je sortais du lit et je faisais l'un ou l'autre sur pilote automatique, la plupart du temps dans le brouillard complet.

J'ai aussi été un peu suivi par un conseiller. J'ai beaucoup parlé de ma dépendance, de la manière dont ça avait commencé et de celle dont je pourrais m'en débarrasser.

Il est facile de se trouver des excuses pour la prise de drogues, mais en tout cas, je connais la raison qui m'a poussé à le faire. La solitude, purement et simplement. L'héroïne m'a servi de baume contre l'isolement, contre le fait que je n'avais pas de famille et pas beaucoup d'amis non plus. J'étais seul, et aussi bizarre et incompréhensible que ça pourrait paraître pour certains, l'héroïne était mon amie.

Mais au fond de moi, je savais que ça me tuait, au sens propre du terme. Du coup, en quelques années, je suis passé de l'héroïne à la méthadone, l'opioïde de synthèse qu'on utilise pour aider les consommateurs de morphine et d'héroïne à décrocher. L'objectif étant qu'au printemps 2007, je devais aussi me débarrasser de ça pour être parfaitement clean.

Mon emménagement dans l'appartement de Tottenham a été le pivot de ce processus. Il se trouvait dans un immeuble comme les autres, habité par des familles ordinaires. Je savais que c'était l'occasion de retourner sur les rails.

Pour payer le loyer, j'ai commencé à jouer de la guitare à Covent Garden. Je ne gagnais pas grand-chose, mais ça me permettait de manger et de payer les factures de gaz et d'électricité. Et surtout, ça me permettait de maintenir le cap. Je savais que c'était ma chance de sortir de toute cette misère. Et je savais qu'il fallait que je la saisisse. Si j'avais été un chat, j'en aurais été à ma neuvième vie.

## 3.

## Couic !

Vers la fin de la deuxième semaine du traitement de Bob, il était déjà en bien meilleure forme. La blessure de sa patte guérissait bien et son pelage s'étoffait joliment, cachant toutes les parcelles de peau nue. Même son museau s'épanouissait, ses petits yeux malins rayonnant d'une lueur nouvelle. Ils avaient une ravissante teinte vert et jaune, que je n'avais pas remarquée avant.

Il se rétablissait et son énergie débordante dans l'appartement en était la preuve. Depuis le premier jour, il avait été un vrai petit diable, mais au cours de la dernière semaine, il se déchaîna de façon incontrôlable et fit un carnage chez moi. Je n'aurais pas cru cela possible. À certains moments, il sautait et courait partout comme un dément. Il enfonçait furieusement ses griffes dans tout ce qu'il trouvait, moi y compris.

Toutes les surfaces en bois de mon appartement portaient les marques de son passage. Moi-même, j'avais des entailles sur les mains et les bras. Je ne lui en voulais pas, je savais que ce n'était pas de la méchanceté, qu'il jouait simplement.

Il représentait désormais une telle menace dans la cuisine, où il s'accrochait aux portes des placards et du réfrigérateur pour trouver de la nourriture, que je dus acheter des serrures de sécurité enfants en plastique.

Il fallait aussi que je fasse bien attention à ne rien laisser traîner qui pourrait lui servir de joujou. Une paire de chaussures ou un vêtement risquaient d'être déchiquetés en quelques minutes.

Tout dans le comportement de Bob montrait qu'il fallait faire quelque chose. J'avais côtoyé assez de chats dans ma vie pour reconnaître les signes. C'était un jeune mâle avec bien trop de testostérone dans les veines. Il fallait qu'il soit stérilisé, je n'avais aucun doute là-dessus. Alors quelques jours avant la fin de son traitement, j'ai décidé d'appeler les vétérinaires du quartier, la clinique Abbey sur Dalston Lane.

Je connaissais le pour et le contre de le garder « entier ». Si je ne le faisais pas castrer, les hormones de Bob le dépasseraient complètement par moments et il ne pourrait pas s'empêcher d'errer dans les rues à la recherche de femelles consentantes. Ce qui signifiait qu'il pourrait disparaître pendant des jours, ou même des semaines. Il pourrait du coup bien plus facilement se faire écraser par une voiture ou prendre part à des bagarres avec d'autres chats. En fait, c'était peut-être même la cause du combat au cours duquel il s'était blessé la patte. Les chats mâles sont très soucieux de protéger leur territoire et ils produisent une odeur caractéristique pour délimiter leur espace. Bob était peut-être entré sur le territoire d'un autre chat et en avait payé le prix. C'était sans doute un excès de paranoïa de ma part, mais je me disais qu'il pourrait aussi contracter une maladie comme le Felv ou le VIF, l'équivalent du VIH pour les chats, s'il n'était pas stérilisé. Enfin et surtout, s'il restait avec moi, il serait bien plus calme et supportable. Il arrêterait de courir partout comme un fou.

En revanche, la liste des contre était vraiment très courte. Cela lui éviterait une petite opération. Et c'est tout.

Pas besoin de se casser la tête.

J'ai appelé la clinique et parlé à une infirmière.

Je lui ai expliqué ma situation et lui ai demandé si elle le retenait pour une opération gratuite. Elle m'a répondu que oui, du moment que j'avais un certificat du vétérinaire, ce qui était le cas, après mes premières visites pour sa patte et ses traitements contre les puces et les vers.

Ma seule inquiétude était qu'il prenait encore des antibiotiques. Je l'ai expliqué à l'infirmière qui m'a garanti que ça ne posait pas de problème. Elle m'a donné un rendez-vous pour une opération deux jours plus tard.

— Amenez-le-nous le matin et laissez-le-nous. Si tout se passe bien, vous pourrez venir le chercher à la fin de la journée.

Je me suis levé tôt le jour de l'opération, sachant qu'il fallait que je sois à la clinique pour 10 heures. C'était la première fois, depuis notre visite à la RSPCA, qu'on se baladait ensemble.

Je ne l'avais pas laissé sortir de la maison, à part pour se soulager devant l'immeuble, parce qu'il était sous antibiotiques. Alors je l'ai mis dans la boîte de recyclage verte que j'avais utilisée deux semaines plus tôt pour l'emmener chez le vétérinaire. Avec le temps affreux qu'il faisait, j'ai refermé le couvercle. Il n'était pas beaucoup plus heureux que la première fois. Il n'arrêtait pas de sortir la tête pour regarder le monde défiler.

La clinique Abbey est toute petite, coincée entre un kiosque de journaux et un centre médical, et entourée de tout un tas de boutiques sur Dalton Lane. Nous sommes arrivés largement à l'heure pour son rendez-vous, mais l'endroit était déjà bondé. La même scène d'épouvante avec des chiens qui tiraient sur leurs laisses pour gronder sur des chats dans leurs boîtes. Bob sortait du lot dans son abri de fortune et a tout de suite été la cible de leur agressivité. Encore une fois, la salle d'attente grouillait de terriers avec leurs maîtres aux faciès néandertaliens.

Beaucoup de chats se seraient rebiffés, j'en suis sûr. Mais Bob ne s'est pas laissé intimider. C'était comme s'il avait placé toute sa confiance en moi.

Quand on m'a appelé, une infirmière d'une vingtaine d'années est venue me saluer. Elle avait un formulaire de questions standard à me poser dans son bureau.

— C'est une opération sur laquelle on ne peut plus revenir une fois qu'elle est faite. Est-ce que vous êtes bien sûr que vous ne voudrez pas que Bob se reproduise plus tard ? m'a-t-elle demandé.

J'ai souri et hoché la tête.

— Oui, tout à fait sûr, ai-je répondu en caressant la tête de Bob.

La question suivante m'a laissé sans voix.

— Et quel âge a Bob ?

— Ah… Je n'en sais rien, en fait, ai-je dit avant de raconter rapidement son histoire.

— Hmm, voyons ça.

Elle m'a expliqué que le fait qu'il n'ait pas été stérilisé nous donnait une bonne indication de son âge.

— Les chats mâles et femelles deviennent sexuellement matures vers leurs six mois. Si on les laisse « entiers », ils changent beaucoup physiquement. Par exemple, le museau des mâles devient plus rond, particulièrement autour des joues. Leur peau s'épaissit et en général, ils grossissent, en tout cas plus que ceux qui ont été stérilisés. Il n'est pas si gros, donc je dirais qu'il doit avoir autour de neuf, dix mois.

En me passant les formulaires de consentement, elle m'a expliqué qu'il existait un risque de complications, même s'il était infime.

— Nous lui ferons un examen complet et peut-être même une prise de sang avant de commencer. En cas de problème, nous vous contacterons.

— D'accord, ai-je lancé un peu hébété.

Je n'avais pas de portable, ils auraient un peu de mal à me contacter.

Ensuite, elle m'a expliqué la procédure.

— L'opération se fait sous anesthésie générale et habituellement, elle est très simple. Les testicules sont retirés grâce à deux petites incisions pratiquées dans les bourses.

— Ouille, Bob, ai-je lâché en ébouriffant un peu le pelage du matou.

— Si tout se passe bien, vous pouvez venir récupérer Bob dans six heures, a-t-elle conclu en regardant sa montre. Donc vers 4 heures et demie. Ça vous va ?

— Oui, super. À tout à l'heure.

Après avoir fait un dernier câlin à Bob, je suis sorti dans les rues couvertes. La pluie menaçait encore.

Impossible de faire toute la route jusqu'au centre de Londres. J'aurais à peine le temps de m'installer et de chanter deux chansons, qu'il faudrait déjà que je reparte. Alors j'ai décidé de tenter ma chance dans la station de métro la plus proche, Dalston Kingsland. Ça n'a pas été la meilleure performance de ma carrière, loin de là, mais elle m'a rapporté quelques pièces et un moyen de tuer le temps. Et à côté de la station, je connaissais aussi un cordonnier très sympa chez qui je pourrais me réfugier s'il se mettait à tomber des cordes.

J'essayais de ne pas penser à Bob en jouant. Surtout, je ne voulais pas l'imaginer dans la salle d'opération. Il aurait pu vivre toute sa vie dans les rues et des catastrophes bien plus graves auraient pu lui arriver. J'avais entendu des histoires de chats et de chiens entrés au bloc pour des interventions de routine, et qui n'en étaient jamais ressortis. Je devais vraiment faire des efforts pour chasser les plus sombres de mes idées, et les gros nuages noirs qui se rassemblaient au-dessus de ma tête ne m'aidaient pas beaucoup.

Le temps passait vraiment très lentement. Les aiguilles ont tout de même fini par indiquer 16 h 15 et j'ai remballé mes affaires pour partir. J'ai pratiquement couru sur les derniers mètres jusqu'à la clinique.

L'infirmière que j'avais vue dans la matinée se tenait derrière le comptoir de la réception. Elle discutait avec une collègue et m'a accueilli un grand sourire aux lèvres.

— Comment va-t-il ? Tout s'est bien passé ? ai-je demandé, haletant.

— Il va bien, très bien même. Ne vous en faites pas. Reprenez votre souffle et je vous emmène le voir.

J'éprouvais un sentiment étrange. Je n'avais plus été inquiet pour quelqu'un ou quelque chose depuis des années.

Je suis entré dans la salle postopératoire où Bob était allongé dans une jolie cage douillette.

— Salut, mon copain. Ça va, Bob ?

Il était encore sonné par l'anesthésie et somnolent, alors il a mis un moment à me reconnaître, mais quand il y est enfin parvenu, il s'est redressé et a posé ses petites pattes sur les barreaux, comme pour dire : « Sors-moi de là ! »

L'infirmière m'a demandé de signer une décharge et a examiné une dernière fois Bob pour s'assurer qu'il pouvait partir.

Elle était vraiment sympathique et très serviable, ce qui me changeait agréablement de ma précédente expérience avec l'autre vétérinaire. Elle m'a montré où les incisions avaient été pratiquées.

— La zone restera gonflée et douloureuse quelques jours, mais c'est normal, a-t-elle expliqué. Vérifiez quand même de temps en temps pour voir si ça ne suinte pas ou quoi que ce soit du même genre. Si c'est le cas, appelez-nous ou ramenez-le-nous pour qu'on l'ausculte. Je suis sûre que tout se passera bien.

— Il restera combien de temps dans les vapes ? ai-je demandé.

— Il peut falloir quelques jours avant qu'il ne retrouve sa vivacité et son pelage soyeux. Ça dépend beaucoup. Certains chats se remettent sur pied tout de suite, d'autres restent abattus quelques jours, mais en général, après quarante-huit heures, c'est oublié. Il n'aura sans doute pas beaucoup d'appétit demain, mais ça reviendra vite. En revanche, s'il reste très somnolent et léthargique, appelez-nous ou venez avec lui. C'est très rare, mais il arrive que certains chats attrapent des infections à la suite de l'opération.

J'avais rapporté la boîte de recyclage, et je m'apprêtais à mettre Bob dedans quand elle m'a arrêté.

— Attendez, je pense que j'ai mieux.

Elle est sortie quelques minutes pour revenir avec un ravissant sac bleu ciel.

— Oh non, ce n'est pas à moi.

— Ne vous en faites pas, pas de problème. On en a des tas en réserve. Vous pouvez prendre celui-ci. Rapportez-le un jour si vous passez par ici.

— Vraiment ?

Je n'avais pas la moindre idée de la manière dont il avait atterri là. Peut-être que quelqu'un l'avait laissé en partant, ou peut-être qu'un maître avait amené son chat se faire soigner pour découvrir qu'il n'aurait plus besoin de son panier. Je ne voulais pas y penser.

Il était évident que l'opération avait beaucoup amoindri Bob. Dans le panier, sur le chemin du retour, il est resté allongé, à moitié endormi. En arrivant à la maison, il a traîné jusqu'à son endroit favori à côté du chauffage et s'est allongé là. Il y a dormi toute la nuit.

Le lendemain, j'ai décidé de prendre ma journée pour rester avec lui. L'infirmière m'avait conseillé de le surveiller pendant vingt-quatre à quarante-huit heures pour m'assurer qu'il ne subissait aucun effet secondaire. Il fallait surtout que je sois particulièrement attentif à une somnolence continue, ce qui n'aurait pas été un bon signe. La fin du mois approchait, alors j'avais besoin d'argent. Mais je ne me le serais jamais pardonné s'il était arrivé un malheur à Bob, alors je suis resté dans l'appartement avec lui pendant vingt-quatre heures.

Heureusement, il allait très bien. Le lendemain matin, il était un peu plus guilleret et a mangé un peu de son petit déjeuner. Comme l'avait annoncé l'infirmière, il n'avait pas son appétit habituel, mais a terminé la moitié d'un bol de sa nourriture préférée, ce qui était encourageant. Il se baladait aussi un peu dans l'appartement, même si c'était sans l'entrain que je lui connaissais.

En quelques jours, il est redevenu comme l'ancien

Bob. Il dévorait ses repas comme d'habitude. Il était clair qu'il souffrait encore un peu, il geignait et s'arrêtait brusquement de temps en temps, mais rien de grave.

Je savais qu'il lui arriverait encore de faire le fou, mais j'étais content d'avoir pris la bonne décision.

# 4.

## *Ticket to Ride*

Comme les deux semaines étaient terminées, je me suis dit qu'il faudrait que je pense à sortir Bob de mon appartement pour qu'il retourne dans les rues. C'est de là qu'il venait et j'imaginais bien que c'est là qu'il voudrait retourner.

Il avait continué à faire des progrès et semblait de plus en plus en forme. Il avait beaucoup grossi, même.

Donc un jour ou deux après la fin du traitement et une fois qu'il s'était complètement rétabli de l'opération, j'ai descendu Bob dehors. Je l'ai accompagné dans l'allée et vers le portail, où je lui ai montré la direction de la rue.

Il s'est contenté de rester là, immobile, et m'a lancé un regard confus, comme s'il disait : « Qu'est-ce que tu veux de moi ? »

— Allez, vas-y ! ai-je dit en faisant de grands mouvements avec les deux mains.

Sans aucun effet.

L'espace de quelques instants, nous nous sommes toisés sans bouger, attendant de voir qui allait l'emporter. Mais au bout d'un moment, il a simplement tourné les talons et est parti, pas dans la direction de la rue, mais vers le carré de verdure où il aimait faire ses besoins. Ensuite il a creusé un trou, a recouvert ses excréments et est revenu vers moi.

Cette fois, son expression disait : « Voilà, j'ai fait ce que tu voulais. On fait quoi, maintenant ? »

Et à cet instant, une idée a commencé à se former dans mon esprit.

— Tu ne veux pas me quitter, hein ?

Je dois avouer que j'ai ressenti un certain plaisir. J'aimais sa compagnie et il était vraiment quelqu'un. Mais si je voulais me montrer raisonnable, il ne fallait pas que je laisse faire. J'avais déjà du mal à m'occuper de moi-même, je suivais toujours un programme de réinsertion pour anciens drogués, et ce n'était pas près de s'arrêter. Comment est-ce que j'allais pouvoir m'occuper d'un chat, fût-il aussi intelligent et débrouillard que Bob ? Ce n'était pas juste, pour aucun de nous deux.

Alors, le cœur gros, j'ai décidé qu'il allait falloir que, progressivement, je l'habitue à rester dehors pendant la journée. En partant travailler, je ne le laissais plus dans l'appartement, je le sortais avec moi pour qu'il reste dans les jardins.

— Dur dur, me suis-je dit.

Il n'a pas du tout apprécié.

Le premier matin, il m'a jeté un regard qui disait : « Traître. » Alors que je m'éloignais, la guitare sur le dos, il me suivait en silence, zigzaguait sur le trottoir, comme un espion, essayant de ne pas se faire remarquer. Mais il n'était pas difficile de le repérer, avec son pelage roux qui bougeait et sautait derrière moi.

Chaque fois que je le voyais, je m'arrêtais pour agiter le bras, lui faisant signe de partir. Il rebroussait chemin à contrecœur, me gratifiant de l'air blessé d'un ami trahi. Enfin, le message est passé et je ne l'ai plus revu.

Quand je suis rentré, six ou sept heures plus tard, il m'attendait devant la porte de l'immeuble. Une partie de moi voulait l'empêcher d'entrer. Mais elle ne pouvait pas lutter contre celle qui me hurlait de l'inviter dans mon appartement pour l'entendre ronronner à mes pieds.

Au cours des jours qui ont suivi, on a pris nos petites habitudes.

Chaque matin, je le laissais dehors, et chaque soir, quand je rentrais de Covent Garden, je le trouvais qui m'attendait, soit dehors dans l'allée, soit, si quelqu'un l'avait laissé entrer pendant la journée, devant ma porte. Il n'avait pas l'intention de me quitter, c'était très clair.

J'ai alors décidé de passer à la vitesse supérieure et de le laisser dehors la nuit aussi. La première fois, je l'ai vu errer là où se trouvaient les poubelles. J'ai essayé de m'y faufiler sans qu'il me voie. Complètement idiot de ma part. C'était un chat, un seul des poils de ses moustaches était plus sensible que tout mon corps. Dès que j'ai ouvert la porte du bâtiment, il s'est glissé à l'intérieur. Je l'ai laissé dans le couloir cette nuit-là, mais il dormait sur mon paillasson quand je suis sorti le matin. Pendant les quelques jours suivants, nous avons répété le même scénario.

Chaque matin quand je partais travailler, soit il errait dans le couloir, soit il m'attendait carrément à la porte. Chaque soir, il trouvait un moyen d'entrer dans l'immeuble.

Nous sommes vite arrivés à la conclusion qu'il avait

gagné cette bataille. Et j'ai été confronté à un nouveau problème : il commençait à me suivre dans la rue.

La première fois, il est arrivé jusqu'à la route principale, mais est reparti vers l'immeuble quand je l'ai menacé de lui envoyer un coup de pied. Le lendemain, il a parcouru derrière moi plus de cent mètres sur la route principale, vers Tottenham High Road où je prenais le bus pour Covent Garden.

D'une certaine façon, j'admirais sa ténacité et sa persévérance. Mais d'un autre côté, il me tapait sur les nerfs. Je n'arrivais pas à me débarrasser de lui.

Après cela, il avançait avec moi de plus en plus loin, devenant de plus en plus insistant. Je me demandais même si un jour, il poursuivrait son chemin sans moi et trouverait un autre endroit où aller. Mais chaque soir, quand je revenais, il était là, à m'attendre. Je savais qu'il faudrait bien qu'un de nous deux cède. Et ça n'a pas loupé.

Un matin, comme d'habitude, je me préparais à me rendre à mon travail. J'avais rangé dans son étui ma grande guitare acoustique noire à bordure rouge, et l'avais passée sur mon épaule avec mon sac à dos, prêt à partir vers l'escalier.

J'ai vu Bob assis dans le couloir et je lui ai dit bonjour. Quand il a commencé à me suivre, je lui ai envoyé un coup de pied, comme toujours.

— Reste là, tu ne peux pas venir avec moi !

Cette fois, on aurait dit qu'il avait tout de suite enregistré et il s'est éloigné. Alors que je descendais la route, je vérifiais de temps en temps si je ne le voyais pas sur mes pas, mais aucun signe de lui. « Peut-être qu'il a enfin compris le message », me suis-je dit.

Pour aller à l'arrêt du bus qui me conduisait jusqu'à

Covent Garden, il fallait que je traverse Tottenham High Road, une des rues les plus passantes et les plus dangereuses du nord de Londres. Ce matin-là, comme d'habitude, des voitures, des camions et des motos circulaient sur la route, avançaient laborieusement dans la circulation encombrée.

Alors que je me tenais sur le trottoir, essayant de repérer une brèche par laquelle je pourrais me faufiler, pour courir vers le bus qui arrivait à une centaine de mètres derrière les voitures collées pare-chocs contre pare-chocs, j'ai senti quelqu'un ou plutôt quelque chose se frotter contre ma jambe. J'ai tout de suite baissé les yeux, pour voir un minois familier à côté de moi. À ma grande horreur, j'ai compris que Bob m'imitait : lui aussi attendait l'occasion de traverser.

— Mais qu'est-ce que tu fiches ici ? ai-je demandé.

Il s'est contenté de me regarder d'un air dédaigneux, comme si je posais une question stupide. Ensuite, il s'est de nouveau concentré sur la circulation, s'approchant du bord du trottoir, prêt à s'élancer en avant.

Je ne pouvais pas le laisser prendre ce risque, cela aurait été du suicide. Alors je l'ai soulevé et l'ai posé sur mon épaule, où je savais qu'il aimait s'asseoir. Il s'installa, se blottissant contre le côté de ma tête, alors que je me glissais entre les véhicules pour traverser la rue.

— D'accord, Bob, tu es allé assez loin comme ça, ai-je dit en le reposant sur le trottoir et en envoyant un nouveau coup de pied dans l'air pour le chasser.

Il partit se mêler à la foule. « Peut-être que je ne le reverrai plus », ai-je pensé. Il était vraiment loin de la maison, maintenant.

Quelques instants plus tard, le bus s'arrêta. C'était un de ces vieux bus rouges à deux étages dans lesquels on peut sauter n'importe quand. Je suis allé m'asseoir sur la banquette arrière et quand j'ai posé ma guitare dans le compartiment des bagages à côté de là où se tenait la contrôleuse, j'ai vu un éclair de fourrure rousse. Avant que je puisse me rendre compte de ce qui se passait, Bob avait bondi et s'était posé sur le siège à côté de moi.

J'étais sidéré. J'ai enfin compris que jamais je ne parviendrais à chasser ce chat de ma vie. Mais j'ai aussi pris conscience de quelque chose d'autre.

J'ai invité Bob à s'asseoir sur mes genoux, ce qu'il a fait sur-le-champ. Une minute plus tard, la contrôleuse s'approcha de nous. Une jeune Pakistanaise joviale qui a tout de suite souri à Bob, puis à moi.

— Il est à vous ? m'a-t-elle demandé en le caressant.

— Je crois bien que oui.

# 5.

# Le centre de l'attention

Pendant les trois quarts d'heure qui ont suivi, Bob est resté tranquillement assis à côté de moi, son museau collé contre la vitre, à regarder le monde défiler. Il semblait fasciné par les voitures, les vélos, les camions et les piétons qui passaient à toute vitesse à côté de lui. Il ne paraissait pas du tout intimidé.

Les seules fois où il s'éloignait de la vitre et tournait la tête vers moi pour que je le rassure, c'était quand la sirène d'un véhicule de police, de pompiers ou une ambulance résonnait trop près de ses oreilles. Cela m'a un peu surpris et m'a de nouveau conduit à m'interroger sur son passé. S'il avait grandi dans la rue, il aurait depuis longtemps appris à s'habituer à de tels bruits.

— Tout va bien, lançais-je chaque fois en lui caressant le cou. C'est ça le centre-ville, va falloir t'y faire.

C'était étrange, cette sensation que j'avais que, même s'il était un chat errant et qu'il pouvait s'enfuir à tout moment, il faisait désormais partie de ma vie. Quelque part, je me disais que ce n'était pas notre dernier trajet ensemble vers Covent Garden.

Alors que le bus s'approchait de mon arrêt habituel devant la station de métro de Tottenham Court Road, je me suis levé, j'ai récupéré ma guitare et pris Bob dans mes bras, et je me suis dirigé vers la sortie. Sur le trottoir, j'ai fouillé dans ma poche pour en sortir la laisse de fortune que j'avais confectionnée avec un lacet et que j'avais laissée là la veille, après avoir emmené Bob faire ses besoins dehors.

Je la lui ai passée autour du cou avant de le poser par terre. Je ne voulais pas qu'il aille se balader partout. Le croisement entre Tottenham Court Road et New Oxford Street foisonnait de chalands, de touristes et de Londoniens ordinaires pris dans leur journée. Il se serait perdu en quelques secondes, ou pire encore, fait écraser par un des bus ou des taxis noirs qui filaient dans les deux directions.

Bien évidemment, tout cela était un peu menaçant pour Bob. Il était en territoire inconnu, enfin, à ce que j'imaginais du moins : je ne pouvais pas en être sûr à cent pour cent. Alors que nous avancions, je constatai, à sa démarche un peu hésitante et sa façon de lever régulièrement la tête vers moi, qu'il n'était pas tout à fait à l'aise. Alors j'ai décidé de prendre les petites rues parallèles pour nous rendre à Covent Garden.

— Viens, Bob, on va sortir de la foule, ai-je proposé.

Même comme cela, il ne semblait pas complètement rassuré. Alors qu'on se frayait un chemin parmi les badauds, il continuait à me lancer des regards inquiets. Après quelques mètres seulement, j'ai compris qu'il voulait que je le porte.

— D'accord, mais que ça ne devienne pas une habitude, ai-je dit en le soulevant pour le placer sur mes épaules, comme je l'avais fait pour traverser Tottenham High Road.

Il s'est vite installé confortablement, un peu appuyé sur mon omoplate, avec ses pattes avant sur le dessus de mon bras. Il avait l'allure fière d'un perroquet sur un navire de pirates. Je ne pouvais m'empêcher de sourire intérieurement. Je devais ressembler à Long John Silver, mais avec un félin plutôt qu'un oiseau.

En tout cas, il était complètement à l'aise là-haut. Je l'entendais ronronner tout bas, alors que nous traversions New Oxford Street pour nous engager dans les rues plus petites qui menaient vers Covent Garden.

C'était déjà moins la cohue et, au bout d'un moment, j'ai même oublié la présence de Bob. Je m'étais plongé dans les pensées habituelles qui traversaient mon esprit sur le chemin, vers le travail. Est-ce que le temps allait être assez clément pour que je chante au moins cinq heures ? Réponse : peut-être. Le ciel était couvert, mais les nuages étaient blancs et hauts. Il ne risquait pas trop de pleuvoir. Quel type de public aurais-je aujourd'hui ? Comme on approchait de Pâques, sans doute beaucoup de touristes. Combien d'heures me faudrait-il pour gagner l'argent nécessaire à subvenir à mes besoins, et à ceux de Bob, au cours des quelques jours à venir ? En tout cas, hier, cela m'avait pris cinq bonnes heures. Peut-être que ce serait plus rapide aujourd'hui, peut-être pas. C'était le problème avec ce boulot, impossible de savoir.

Je rabâchais tout cela dans ma tête, quand soudain, je me suis aperçu d'un phénomène nouveau.

En général, personne ne posait les yeux sur moi et encore moins ne soutenait mon regard. J'étais un mendiant et on était à Londres. Je n'existais pas. J'étais quelqu'un à éviter, à bannir, même. Mais cet après-midi, alors que j'arpentais Neal Street, presque toutes les personnes que je croisais me regardaient. Enfin, plus précisément, c'est Bob qu'elles regardaient.

Une ou deux affichaient un air perplexe, légèrement intrigué, ce qui était compréhensible, j'imagine. Cela devait paraître un peu étrange, un grand gars aux cheveux longs avec son gros matou roux sur les épaules. Ce n'est pas le genre de tableau qu'on voit tous les jours, même dans les rues de Londres.

Pourtant, la plupart des gens réagissaient avec chaleur. Dès qu'ils apercevaient Bob, leur visage se fendait d'un large sourire. Très vite, les gens ont commencé à nous arrêter.

— Regardez-moi ça ! s'est exclamée une vieille dame élégante, les bras chargés de sacs de provisions. Il est magnifique. Je peux le caresser ?

— Bien sûr, ai-je dit en pensant que ce serait la première et dernière fois qu'on me le demanderait.

Elle posa ses courses et approcha son visage tout près du sien.

— Quelle adorable petite créature tu es, toi ! C'est un gars, n'est-ce pas ?

— Oui.

— Comme il est sage sur vos épaules, comme ça ! On ne voit pas souvent pareil spectacle. Il doit vraiment vous faire confiance.

J'avais à peine dit au revoir à la dame que deux jeunes filles sont venues nous parler. Elles l'avaient vue s'émerveiller devant Bob, et s'étaient sans doute dit qu'elles pouvaient en faire autant. C'étaient des Suédoises en vacances.

— Il s'appelle comment ? On peut prendre une photo ? m'ont-elles demandé, sortant leur appareil presque avant d'attendre ma réponse.

— Il s'appelle Bob, ai-je répondu.

— Ah Bob ! Cool !

Nous avons discuté une ou deux minutes. L'une des deux avait elle-même un chat et elle m'a montré sa photo. J'ai dû prendre poliment congé au bout de quelque temps, sinon elles auraient passé des heures à baver devant lui.

On a continué sur Neal Street en direction de Long Acre, mais nous progressions vraiment lentement. Dès qu'un admirateur partait, un autre prenait le relais, et encore un autre, et encore… J'arrivais à peine à faire trois pas sans qu'on m'interpelle pour caresser Bob.

Le sentiment de nouveauté s'estompant, je me suis rendu compte qu'à ce rythme, je n'irais nulle part. Normalement, il ne me fallait pas plus de dix minutes pour me rendre de l'arrêt du bus à mon emplacement habituel sur Covent Garden. Mais je marchais déjà depuis deux fois plus longtemps parce que tout le monde voulait m'interrompre pour me parler. Cela devenait ridicule.

Quand nous sommes arrivés à Covent Garden, j'étais en retard d'au moins une heure sur mon horaire quotidien.

« Merci, Bob, tu m'as sûrement déjà coûté quelques livres aujourd'hui », me suis-je entendu dire dans ma tête, pas si amusé que ça.

C'était vraiment un problème. S'il me retardait de cette manière tous les jours, je ne pourrais plus le laisser me suivre, me disais-je. Mais il n'a pas fallu beaucoup de temps pour que je change d'opinion.

À cette période, cela faisait environ un an et demi que je jouais à Covent Garden. En général, je commençais vers 2, 3 heures de l'après-midi et je continuais jusqu'à 8 heures. C'était le meilleur moment pour attirer les touristes et les travailleurs qui finissaient leurs courses avant de rentrer chez eux. Le week-end, j'arrivais plus tôt pour être là au moment du déjeuner. Les jeudis, vendredis et samedis, je restais plus tard pour essayer de profiter du plus grand nombre de Londoniens qui s'attardaient dans les pubs à la fin de leur journée de travail.

J'avais appris à être souple pour trouver du public. Mon emplacement se situait sur un bout de trottoir droit devant la sortie de la station de métro de Covent Garden sur James Street. Je travaillais là jusqu'à 18 h 30, quand la foule de l'heure de pointe commençait à s'amonceler dans les rues. Ensuite, pendant les deux heures qui restaient, je faisais le tour des pubs de Covent Garden, devant lesquels les clients buvaient des bières et fumaient. Pendant les mois d'été, ça rapportait vraiment bien, les employés de bureau se détendaient après leur travail avec une pinte et une cigarette dans le soleil du soir.

Cela pouvait être un peu dangereux parfois. Il arrivait que les gens n'apprécient pas que je m'approche d'eux et ils pouvaient se montrer grossiers et même carrément insultants. « Va te faire voir, raclure », « Trouve-toi un vrai boulot, enculé », ce genre de chose. Mais ce sont les risques du métier, j'avais l'habitude. Beaucoup, en revanche, étaient heureux de m'entendre jouer et ils me donnaient une pièce avec plaisir.

Chanter sur James Street était une sorte de pari. D'un point de vue technique, je n'étais pas supposé être là.

La région de Covent Garden est découpée en zones très précises pour les mendiants. C'est la municipalité qui gère, une autorité officielle qu'on appelle entre nous « les gardiens du couvent ».

J'avais l'autorisation de jouer à l'est de Covent Garden, à côté de la Royal Opera House et de Bow Street. C'est là que les musiciens devaient opérer, selon les gardiens du couvent. L'autre côté de la place, le côté ouest, était réservé aux artistes de rue. Les jongleurs et danseurs se plantaient en général sous les fenêtres du pub *The Punch and Judy*, où ils trouvaient une audience ravie de les regarder.

James Street, où j'avais commencé à chanter, était supposé être le domaine des statues humaines. Il y en avait quelques-unes dans le coin : un type déguisé en Charlie Chaplin qui réussissait bien, mais il ne travaillait qu'occasionnellement. Quand le champ était libre, j'en profitais pour m'y imposer. Je savais que je courais toujours le risque de me faire rembarrer par les gardiens du couvent, mais en général, ça payait bien. Le nombre de personnes qui sortaient de la station de métro à cet endroit était impressionnant. Si même une sur mille me refilait une pièce, alors j'avais gagné ma journée.

Il était un peu après 15 heures quand je suis enfin arrivé à ma place. Juste au moment de tourner au coin de James Street, nous avons été arrêtés pour la centième fois, et cette fois par un type, à l'évidence homo, qui rentrait d'une séance de gym, à en croire son sac et sa tenue trempée de sueur.

Un peu exubérant, il a fait la fête à Bob et m'a même proposé de me l'acheter, ne plaisantant qu'à moitié.

— Non, désolé, il n'est pas à vendre, ai-je répondu poliment, juste au cas où il aurait été sérieux.

M'éloignant de l'homo, j'ai regardé Bob en secouant la tête.

— Seulement à Londres, mon gars, seulement à Londres.

Une fois sur place, j'ai d'abord vérifié que la voie était libre. Aucun signe des gardiens du couvent. Il fallait aussi que je me méfie de deux contrôleurs qui travaillaient dans la station et me causaient des problèmes parce qu'ils savaient que je n'étais pas supposé être là. Mais je ne les voyais pas non plus dans le coin. Alors j'ai posé Bob sur le trottoir à côté du mur, j'ai ouvert l'étui de ma guitare, j'ai enlevé ma veste et j'ai commencé à l'accorder.

En général, ça prenait dix bonnes minutes avant que les gens me remarquent.

Mais ce jour-là, je n'avais même pas encore commencé à jouer que deux, trois personnes se sont arrêtées et ont jeté des pièces dans l'étui de ma guitare. Sympa, me suis-je dit.

Et alors que j'accordais ma guitare, une pluie de pièces s'est mise à tomber !

Je tournais le dos à la foule, mais ne pouvais qu'entendre le cliquetis de l'argent qui s'accumulait déjà. Derrière moi, j'entendis une voix.

— Joli chat, mec.

J'ai pivoté, pour voir un jeune homme quelconque d'une vingtaine d'années qui levait ses deux pouces vers moi, avant de repartir, un grand sourire aux lèvres.

J'étais scié. Bob s'est roulé en boule au milieu de l'étui. Je savais que c'était un charmeur, mais là, c'était bien plus encore.

*
* *

Adolescent, j'avais appris tout seul à jouer de la guitare, quand je vivais en Australie. On me faisait écouter un morceau et je le travaillais seul. J'ai eu ma première guitare vers quinze ou seize ans ; ça fait tard pour commencer à jouer, j'imagine. Je me suis offert une guitare électrique dans une boutique d'occasion à Melbourne. J'avais toujours gratté les guitares acoustiques de mes amis, mais j'en voulais une électrique. J'adorais Jimi Hendrix, je me disais que c'était un dieu et j'aurais rêvé de jouer comme lui.

Le répertoire que j'avais préparé pour mes après-midi de travail comprenait des chansons que j'aimais jouer depuis toujours. Kurt Cobain avait toujours été une sorte de héros pour moi, et par conséquent j'avais intégré quelques tubes de Nirvana. Mais je jouais aussi du Bob Dylan et pas mal de Johnny Cash. Un des airs les plus populaires de mon récital était « Hurt », au départ écrit par Nine Inch Nails mais ensuite chanté par Johnny Cash. Il était plus facile de jouer cette version, parce qu'elle était acoustique. Je jouais aussi « Man in Black » de Johnny Cash. Une bonne chanson à chanter dans la rue, et elle était aussi de circonstance : je m'habillais le plus souvent en noir. Le morceau le plus populaire de ma liste était « Wonderwall » d'Oasis. Ça marchait toujours bien, surtout devant les pubs, plus tard dans la soirée.

Je jouais toujours plus ou moins la même chose. C'était ce qui plaisait, ce que les touristes voulaient entendre. Je commençais en général par une chanson comme « About a Girl » de Nirvana pour m'échauffer les doigts. Et c'est aussi ce que j'ai fait ce jour-là, alors que Bob restait assis devant moi à regarder les gens sortir du métro.

Je jouais depuis quelques minutes seulement quand un groupe de gamins s'est arrêté devant moi. Manifestement, ils venaient du Brésil : ils portaient tous des chemises à l'effigie de joueurs de football brésiliens et ils parlaient portugais. Une des filles s'est penchée pour caresser Bob.

— Ah, *gato bonito* ! s'est-elle exclamée.

— Elle dit que vous avez un très beau chat, a traduit un garçon, très serviable.

C'étaient des jeunes en voyage à Londres, mais ils étaient fascinés. Pratiquement tout de suite, une foule s'est rassemblée pour voir ce qui se passait. Près d'une dizaine de gosses brésiliens et d'autres passants fouillaient dans leurs poches pour me lancer des pièces.

— Il faut croire que tu n'es pas une si mauvaise compagnie, ai-je plaisanté en direction de Bob. Tu viens avec moi quand tu veux.

Je lui ai adressé un gentil sourire.

Je n'avais pas prévu de l'amener avec moi et par conséquent, je n'avais pas grand-chose à lui donner à manger. Dans mon sac à dos, je gardais toujours un paquet de ses croquettes préférées. De temps en temps, je lui en proposais une. Comme moi, il lui faudrait attendre jusque tard pour avoir son dîner.

Tandis que l'après-midi tendait vers la soirée et que les rues se remplissaient d'employés qui rentraient chez eux et de fêtards qui sortaient vers le West End, de plus en plus de monde s'arrêtait devant nous pour admirer Bob. Quelque chose chez lui subjuguait les gens.

Il faisait de plus en plus noir. Une vieille dame s'est approchée pour nous parler.

— Vous l'avez depuis combien de temps ? a-t-elle demandé en se penchant pour caresser Bob.

— Quelques semaines à peine, ai-je répondu. On peut dire qu'on s'est mutuellement trouvés.

— Vous vous êtes trouvés ? Intéressant.

Au début, elle m'a fait un peu peur. Je me disais

que c'était une activiste pour le bien-être des animaux et qu'elle allait me dire que je n'avais aucun droit de le garder ou quelque chose du genre. Mais en fait, elle aimait tout simplement les chats.

Elle souriait en m'entendant lui expliquer comment nous nous étions rencontrés et que j'avais passé quinze jours à le soigner pour qu'il se remette sur pied.

— J'avais un chat roux qui lui ressemblait beaucoup, il y a quelques années, a-t-elle ajouté, émue, à tel point que je me dis qu'elle allait éclater en sanglots. Vous avez de la chance de l'avoir trouvé. Ce sont les meilleurs compagnons, si calmes et dociles. Vous vous êtes trouvé un vrai ami.

— Je suis du même avis, ai-je acquiescé en lui souriant.

Elle a déposé un billet de cinq livres dans l'étui avant de partir.

Ce chat faisait fondre les femmes. J'ai calculé qu'au moins soixante-dix pour cent des passants qui s'étaient arrêtés jusque-là appartenaient à la gent féminine.

Après un peu plus d'une heure, j'avais déjà récolté ce que je gagnais en général les bons jours, soit vingt-cinq livres.

« Extra », me suis-je dit.

Mais je me doutais bien qu'il valait mieux que je continue à jouer, que je ne remballe pas mes affaires trop vite.

La vérité, c'est que j'étais toujours partagé au sujet de Bob. Malgré le sentiment dominant que nous étions destinés à être ensemble, je me disais encore qu'il pourrait un jour décider de partir faire sa vie. Rien de plus logique : il était entré par hasard dans ma vie et il pourrait aussi bien en sortir, ça ne pouvait pas durer toujours. Alors tandis que les badauds continuaient à passer et à se réjouir de la vue de mon chat, je me suis dit que je devais autant en profiter. Battre le fer tant qu'il est chaud, ce genre de chose.

« S'il veut me suivre et s'amuser avec moi, super, me répétais-je. Et comme ça, je me fais un peu d'argent en plus. Tout aussi super. »

Sauf que ça faisait plus qu'un peu d'argent, là.

J'avais l'habitude de gagner dans les vingt livres par jour, ce qui me suffisait pour tenir quelques jours et pour payer mes factures. Mais ce jour-là, quand j'ai eu fini, vers 8 heures du soir, il était évident que j'avais empoché bien plus.

Après avoir rangé ma guitare, j'ai mis plus de cinq minutes à compter tout l'argent qui s'était accumulé. Plus d'une centaine de pièces de toutes sortes ainsi que quelques billets.

Je suis finalement arrivé à une somme qui m'a cloué sur place. Je venais de toucher soixante-trois livres et soixante-dix-sept pence. Pour la plupart des personnes qui traversaient Covent Garden, ça ne représentait sans doute pas grand-chose. Mais pour moi, si.

J'ai fourré toutes les pièces dans mon sac à dos que j'ai passé sur mes épaules. Je cliquetais comme une vraie tirelire ambulante, ça pesait une tonne ! Mais j'étais surexcité. Je n'avais jamais gagné autant en une journée de travail dans la rue ; ça faisait trois fois mes recettes habituelles.

J'ai ramassé Bob, lui caressant la nuque.

— Bien joué, mon gars, ai-je complimenté. C'est ce que j'appelle une bonne soirée de travail.

Pas la peine de faire la tournée des pubs, ai-je décidé. En plus, je savais que Bob devait avoir faim, et moi aussi. Il fallait qu'on rentre chez nous.

Je suis reparti à pied vers l'arrêt du bus sur Tottenham Court Road, Bob toujours perché sur l'épaule. Je n'étais impoli avec personne, mais j'ai décidé de ne pas répondre à toutes les sollicitations dont je faisais l'objet. Impossible de satisfaire tout le monde. J'avais bien l'intention d'être à la maison avant minuit.

— On va se payer un bon repas ce soir, Bob, ai-je dit, alors qu'on s'installait dans le bus pour rentrer à Tottenham.

De nouveau, il a collé son museau sur la vitre pour contempler les lumières vives et la circulation.

Je suis descendu en face d'un délicieux restaurant indien sur Tottenham High Road. J'étais passé devant à plusieurs reprises, humant les parfums alléchants, mais je n'avais jamais eu assez d'argent pour m'offrir un de ses plats. Il avait toujours fallu que je me contente de l'un ou l'autre de ses concurrents moins chers, plus près de mon immeuble.

Je suis entré et j'ai commandé un *chicken tikka massala* avec du riz au citron, un *naan* et un *sag paneer*. Les serveurs m'ont lancé quelques regards contrariés quand ils ont aperçu Bob, au bout d'une laisse, à côté de moi. Je leur ai alors dit que je reviendrais vingt minutes plus tard et j'ai traversé la rue pour faire un saut au supermarché d'en face.

Avec l'argent que nous avions gagné, j'ai acheté à Bob un bon repas, ses croquettes préférées et un peu de lait pour chats. Et pour moi, je n'ai pas résisté à deux canettes de bière.

— Allez, on se fait plaisir, Bob, ai-je lancé. C'était une journée mémorable.

Après avoir récupéré le dîner, j'ai presque couru jusqu'à l'appartement tellement le fumet qui se dégageait des cartons m'alléchait. Une fois à l'intérieur, nous avons tous les deux dévoré comme si c'était notre dernier repas. Cela faisait des mois que je n'avais pas mangé aussi bien, peut-être des années. Et je suis à peu près sûr que pour Bob, c'était pareil.

On s'est ensuite posés quelques heures, moi devant la télé, lui à sa place préférée, sous le radiateur. Et tous les deux, on a dormi comme des bébés.

## 6.

## Un homme et son chat

Le lendemain matin, j'ai été réveillé par une forte déflagration subite. Il m'a fallu un moment pour retrouver mes esprits, mais une fois sorti des brumes, j'ai tout de suite compris de quoi il s'agissait. Le bruit métallique assourdissant venait de la cuisine. Ce qui voulait certainement dire qu'une fois de plus, Bob avait essayé d'ouvrir les placards où je rangeais sa nourriture et qu'il avait renversé quelque chose dans sa fougue.

J'ai tourné la tête vers le réveil. Le milieu de la matinée. Après l'excitation de la soirée passée, je m'étais autorisé à faire une grasse matinée, mais apparemment Bob ne pouvait plus attendre. C'était sa façon à lui de dire : « Lève-toi, je veux mon petit déjeuner ! »

Je me suis extirpé du lit pour aller dans la cuisine. La petite casserole dans laquelle je réchauffais du lait était par terre.

En me voyant, Bob est parti, décidé, vers sa gamelle.

— D'accord, mon gars. J'ai compris.

J'ai ouvert le placard pour prendre un sachet de son plat préféré au poulet. Je lui en ai servi quelques cuillerées et l'ai regardé engloutir le tout en quelques secondes. Il a ensuite lapé un peu d'eau, s'est léché les babines et les coussinets et est allé dans le salon, très content de lui, s'installer sous le radiateur.

« Si seulement toutes nos vies étaient aussi simples », ai-je songé.

J'avais pensé à ne pas aller travailler, mais j'ai conclu que ce n'était pas une bonne idée. On avait peut-être eu de la chance la nuit dernière, mais pas de quoi tenir très longtemps. Les factures de gaz et d'électricité n'allaient pas tarder à tomber, et vu le froid qu'on avait subi ces derniers mois, elles risquaient de faire mal. Je commençais également à prendre conscience de la nouvelle responsabilité que je devais assumer. J'avais une bouche de plus à nourrir, plutôt affamée et manipulatrice.

Donc après avoir moi aussi avalé mon petit déjeuner, j'ai commencé à rassembler mes affaires.

Je ne savais pas si Bob voudrait me suivre. La veille ne marquait pas forcément la règle. Peut-être qu'il avait juste voulu satisfaire sa curiosité, savoir où j'allais quand je sortais de chez moi. Mais j'ai tout de même pris un petit encas dans mon sac pour lui au cas où il déciderait de m'accompagner de nouveau.

Je me suis mis en route au début de l'après-midi. Ce que je m'apprêtais à faire était évident, j'avais mon sac à dos et ma guitare sur les épaules. S'il ne voulait pas sortir avec moi, ce qui était rare, il me le faisait comprendre en se glissant derrière le canapé. L'espace d'un instant, j'ai pensé qu'il allait le faire : quand j'ai retiré la chaîne de la porte d'entrée, il est parti dans la direction opposée. Mais au moment où je refermais, il a surgi vers moi et s'est faufilé dans le couloir, vers l'escalier.

Dehors, il a couru vers les buissons pour faire ses besoins. Ensuite, plutôt que de venir vers moi, il s'est dirigé vers le local à poubelles.

Les poubelles l'attiraient de plus en plus. Dieu sait ce qu'il y trouvait et mangeait. Je me suis dit que c'était la seule raison qui l'avait poussé à sortir de l'appartement. L'idée qu'il se vautre dans les déchets ne me plaisait pas plus que ça, alors je suis allé vérifier ce qu'il faisait. On ne savait jamais quand les éboueurs passaient. Heureusement, les poubelles avaient dû être ramassées dans la matinée, parce qu'il ne restait pratiquement aucun détritus, rien d'intéressant à se mettre sous la patte pour Bob. Rassuré, j'ai décidé de partir sans lui. Je savais qu'il était capable d'entrer dans l'immeuble par ses propres moyens, surtout maintenant que beaucoup de voisins le connaissaient. Un ou deux lui faisaient même beaucoup la fête chaque fois qu'ils le voyaient. Une dame, à l'étage juste en dessous du mien, lui donnait toujours une petite friandise.

Il m'attendrait sûrement sur le palier à mon retour, le soir.

« Pas grave », ai-je songé en marchant vers Tottenham High Road. Bob m'avait rendu un fier service la veille, je n'allais pas exploiter notre relation en exigeant de lui qu'il m'accompagne tous les jours. C'était mon ami, pas mon employé !

Le ciel était gris et menaçant. Si c'était comme ça aussi au centre-ville de Londres, je perdais mon temps. Jouer sous la pluie n'est jamais une bonne idée. Plutôt que de compatir avec vous, les gens se ruent sous votre nez encore plus vite. S'il tombait des cordes à Covent Garden, je tournerais simplement les talons, me suis-je dit. Je préférais encore passer la journée avec

Bob, je voulais utiliser l'argent que nous venions de gagner pour lui acheter un collier et une vraie laisse.

J'avais déjà marché quelques centaines de mètres sur la route principale, quand j'ai senti une présence dans mon dos. Je me suis tourné pour voir une petite créature que je connaissais bien arpenter le trottoir derrière moi.

— Alors, tu as changé d'avis ? ai-je lancé alors qu'il s'approchait de moi.

Bob a penché très légèrement la tête sur le côté et m'a gratifié d'un de ses regards qui voulaient dire : « Et pourquoi je serais là, sinon ? »

J'avais toujours le lacet dans ma poche. Je le lui ai passé autour du cou et on s'est remis à avancer.

Les rues de Tottenham sont très différentes de celles de Covent Garden, mais comme le jour précédent, les passants ont tout de suite commencé à nous regarder. Et comme le jour précédent également, j'ai reçu un ou deux coups d'œil désapprobateurs. Ils avaient clairement l'air de penser qu'il fallait être fou pour balader un chat dans la rue au bout d'une ficelle.

— Si ça devient régulier, il va vraiment falloir qu'on se procure une vraie laisse, ai-je dit tout bas à Bob, un peu gêné tout à coup de parler à un chat.

Mais pour chaque personne qui me regardait de travers, une demi-douzaine me saluait d'un hochement de tête. Une jeune femme pakistanaise, encombrée de sacs de courses, nous a gratifiés d'un sourire radieux.

— Belle équipe ! nous a-t-elle félicités.

Personne ne m'avait jamais adressé la parole à côté de mon immeuble depuis que j'y habitais. Ce qui m'arrivait était étrange et étonnant à la fois, comme si je m'étais miraculeusement défait du manteau d'invisibilité d'Harry Potter.

Quand nous sommes arrivés devant le passage piéton de Tottenham High Road, Bob m'a adressé un regard qui signifiait : « Allez, tu sais quoi faire maintenant » et je l'ai hissé sur mes épaules.

On est vite montés dans le bus, Bob s'installant à sa place favorite, le museau contre la vitre. Nous étions repartis.

J'avais eu raison pour le temps. La pluie a commencé à tambouriner sur le bus, formant des dessins compliqués sur la vitre, là où Bob avait appuyé son museau. Dehors, on ne distinguait qu'une marée de parapluies. Des gens couraient, pataugeant dans la rue pour éviter le déluge.

Heureusement, l'averse s'était calmée au moment où nous sommes arrivés au centre-ville. Malgré le ciel toujours aussi couvert, les rues n'avaient pas désempli, elles étaient même plus chargées que la veille.

— On va essayer de voir ce que ça donne pendant une ou deux heures, ai-je lancé à Bob en l'installant sur mon épaule pour partir vers Covent Garden. Mais s'il se remet à pleuvoir, on rentre, promis.

En descendant Neal Street, encore une fois, on nous arrêtait sans cesse. J'étais d'accord pour les laisser s'émerveiller sur Bob, mais dans la limite du raisonnable. En moins de dix minutes, parmi les personnes qui nous avaient interpellés, la moitié au moins avaient demandé à nous prendre en photo.

J'ai vite appris que la solution, c'était de continuer à avancer, sans quoi on se laissait tout de suite envahir.

Alors que nous approchions de la fin de Neal Street, non loin de l'intersection avec James Street, un événement vraiment intéressant s'est produit.

J'ai tout à coup senti les pattes de Bob s'enfoncer dans mon épaule. Avant que je m'en aperçoive, il est descendu sur mon bras. Quand je l'ai laissé sauter sur le trottoir, il s'est mis à avancer devant moi. J'ai étendu la laisse le plus loin possible, pour qu'il prenne ses aises. Il était évident qu'il reconnaissait les lieux et qu'il avait l'intention de me guider.

Il a marché devant moi sur tout le chemin, vers mon emplacement de la veille. Ensuite, il s'est assis sur le béton, attendant que je prenne ma guitare pour s'installer dans l'étui.

— Voilà pour toi, Bob.

Il y est tout de suite entré comme s'il lui appartenait et s'est positionné de sorte à voir le monde qui passait, et comme on était à Covent Garden, ça ne manquait pas.

À une époque, j'avais réellement nourri l'ambition de réussir une carrière de musicien. Je rêvais de devenir le prochain Kurt Cobain. Aussi naïf et complètement stupide que ça puisse paraître maintenant, cela comptait parmi mes grands projets quand j'étais revenu en Angleterre après l'Australie.

C'est ce que j'avais dit à ma mère et à tout le monde en préparant le départ.

J'avais connu quelques petits succès et je pensais vraiment avoir une chance d'y parvenir.

Au début, ça a vraiment été difficile, mais les choses ont changé en 2002, quand j'ai enfin quitté la rue pour entrer dans des foyers sociaux à Dalston. Les événements se sont enchaînés et j'ai même fini par monter un groupe avec des types que j'avais rencontrés. Une formation de quatre guitaristes, les Hyper Fury, ce qui en dit beaucoup sur mon état d'esprit et celui de mes camarades à l'époque. Ce nom me résumait, moi et ma furie. J'étais un jeune homme en colère.

J'étais vraiment hyper furieux contre la vie en général parce que je sentais qu'on ne m'avait jamais donné les armes pour me battre. Ma musique reflétait ma rage et mon angoisse.

Pour cette raison, nous n'entrions pas dans le moule. Nos chansons étaient nerveuses et sombres, et nos paroles encore plus, ce qui n'est pas surprenant, j'imagine, vu que nos sources d'inspiration et influences principales étaient Nine Inch Nails et Nirvana.

Nous avons réussi à enregistrer deux albums, ou plutôt deux EP, de gros *singles*. Le premier est sorti en 2003 avec un autre groupe, les Corrision. Il s'appelait *Corrision vs Hyper Fury* et dessus, on jouait deux chansons, « Onslaught » et « Retaliator », « Assaut » et « Vengeance ». Encore une fois, les titres offraient une indication assez claire de notre philosophie musicale. Six mois plus tard, en mars 2004, un autre disque a suivi, *Profound Destruction Unit*, sur lequel figuraient trois titres, « Sorry », « Profound » et une autre version de « Retaliator ». Il a été vendu à quelques exemplaires, mais sans faire un carton atomique. Disons que nous n'avons pas été invités au festival de Glastonbury.

Nous avions même quelques fans, et nous donnions des concerts, au nord de Londres principalement et dans des endroits comme Camden, en particulier. Nous convenions parfaitement pour leur espèce de scène gothique. Notre allure et encore plus nos paroles faisaient parfaitement l'affaire. Nous nous produisions aussi dans des pubs, dans des fêtes de squats, en fait, partout où on nous invitait. À un certain moment, nous aurions pu décoller. Le plus grand concert que nous avons donné était au *Dublin Castle*, un bar musical très célèbre de Londres, où nous avons joué à quelques reprises ; nous avons aussi donné une représentation au festival d'été gothique, ce qui n'était pas rien à l'époque.

Ça se passait tellement bien que j'en suis venu à faire équipe avec un type des Corrision, Pete, et que nous avons monté notre label indépendant, Corrupt Drive Records.

Mais c'est resté en *stand-by*, ou pour être plus précis, c'est moi qui suis resté en *stand-by* : je ne fichais plus rien.

À ce moment-là, ma meilleure amie, Belle, et moi, nous sommes mis à sortir brièvement ensemble. Comme copains, nous nous entendions à merveille, c'est une femme très attentionnée qui s'est beaucoup occupée de moi ; mais pour ce qui est d'une relation amoureuse, c'était voué à l'échec. Le problème, c'est qu'elle se droguait aussi et on était codépendants. Ça ne l'a pas aidée, ni moi non plus, d'ailleurs, à se débarrasser de ses mauvaises habitudes. Quand l'un d'entre nous sortait la tête de l'eau, l'autre l'y replongeait. L'illustration type de la codépendance.

Du coup, j'avais vraiment du mal à rompre le cycle.

J'essayais, mais à bien y réfléchir et avec le recul, pas si fort que ça. En fait, je pense qu'une partie du problème venait du fait que je n'y croyais pas. Mentalement, du moins, j'avais mis le groupe en veilleuse. Il était vraiment plus facile de recommencer à glisser sur la mauvaise pente.

En 2005, j'avais accepté l'idée que ce groupe n'était qu'un loisir, et pas un moyen de gagner ma vie. Pete a continué avec le label et je pense qu'il le dirige encore, mais moi, je me débattais tellement avec mes démons – eh oui, encore – que je me suis écroulé. C'était encore une de ces secondes chances qui m'a filé entre les doigts. Je ne pourrai jamais savoir ce qui aurait pu se passer.

Mais je n'ai jamais renoncé à la musique. Même quand le groupe s'est séparé et qu'il était devenu clair que je n'irais nulle part d'un point de vue professionnel, je passais des heures presque tous les jours à jouer de la guitare et à improviser des morceaux. C'était un bon défouloir pour moi. Dieu sait où j'aurais échoué si je n'avais pas cette passion. Et faire la manche en chantant m'a certainement beaucoup aidé, ces dernières années. Sans ça et l'argent que ça me rapportait, je n'ose imaginer ce que j'aurais pu faire pour en trouver. Il vaut vraiment mieux ne pas y penser.

Ce soir-là, alors que je m'installais pour jouer, les touristes qui parcouraient les rues étaient encore nombreux.

Une redite de la veille. Dès le moment où je me suis assis, ou plutôt où Bob s'est assis, les gens, qui en général filent devant mon nez à toute allure, ont commencé à ralentir pour s'approcher de lui et lui parler.

Cette fois encore, les femmes ont montré plus d'intérêt que les hommes.

Peu de temps après que j'ai commencé, une femme agent de la circulation est passée à côté de nous, l'air patibulaire. Je l'ai vue baisser les yeux vers Bob, son visage se fendant d'un large sourire.

— Ah, bonjour toi, a-t-elle salué en se penchant pour caresser Bob.

Moi, elle m'a complètement ignoré et elle n'a mis aucune pièce dans l'étui. Pas grave. Je commençais vraiment à apprécier l'effet que Bob faisait aux gens : il illuminait leur journée.

C'était un splendide animal, pas de doute là-dessus, mais il n'y avait pas que ça. Bob dégageait quelque chose de spécial. C'était sa personnalité qui attirait les gens, un courant passait quand on le regardait.

Moi-même je le ressentais. Ce n'était pas un chat comme les autres, il développait un rapport particulier avec les gens, ou du moins ceux qui lui voulaient du bien.

De temps en temps, je le voyais se rebiffer un peu quand il apercevait quelqu'un qui ne lui plaisait pas. Alors que je jouais un morceau, un type du Moyen-Orient élégant et plein aux as s'approcha avec, à son bras, une jeune femme blonde ravissante. Elle aurait pu être *top model*.

— Oh, regarde ce magnifique chat ! s'est-elle exclamée, se figeant subitement et tirant sur l'épaule de son partenaire pour qu'il s'arrête aussi.

L'homme ne semblait pas le moins du monde impressionné et le rictus sur son visage exprimait clairement son manque d'intérêt.

En le voyant réagir ainsi, Bob a changé immédiatement d'attitude. Il a arqué son dos imperceptiblement et a bougé de quelques centimètres pour venir plus près de moi. Très discret, mais pour moi vraiment clair.

« Est-ce que ce gars lui rappelle quelqu'un qu'il a connu ? me suis-je demandé, alors que le couple continuait sa route. Est-ce qu'il a déjà vu ce regard avant ? »

J'aurais tout donné pour connaître son histoire, découvrir ce qui l'avait conduit au couloir de mon immeuble ce soir-là. Mais son histoire, je ne l'apprendrais jamais, je ne pouvais faire que des suppositions.

Alors que je prenais mes marques dans mon récital, je me suis senti bien plus détendu que la veille. Je pense que la présence de Bob m'avait un peu déstabilisé, psychologiquement. Jusqu'alors, j'avais toujours dû affronter la foule seul. Ça n'avait pas été facile : arracher aux gens un *penny* après l'autre constituait une tâche ardue et laborieuse. Avec Bob, ça changeait du tout au tout. La manière dont il m'avait attiré du public m'avait un peu déconcerté au début. Je m'étais aussi senti très responsable de lui avec tant de monde autour de nous. Covent Garden, comme le reste de Londres, ne manque pas de barges. J'étais terrifié à l'idée qu'un cinglé décide de l'emporter et de détaler.

Mais aujourd'hui, c'était différent. Aujourd'hui, je nous sentais en sécurité, comme s'il n'y avait rien de plus naturel qu'on se retrouve là, tous les deux.

Alors que je jouais et que les pièces pleuvaient dans l'étui comme la veille, j'ai songé : « C'est le pied. » Ça faisait bien longtemps que je ne m'étais plus dit ça.

Quand nous sommes rentrés à la maison, trois heures plus tard, mon sac à dos cliquetait une nouvelle fois de toutes les pièces que nous avions collectées.

Mais pas question que je dépense notre recette de la journée avec un curry hors de prix. J'avais des projets plus pratiques pour cet argent. Le lendemain, le temps s'annonçait encore pire avec des prévisions d'importantes averses dans la nuit.

Alors j'ai décidé de prendre un peu de temps pour Bob, plutôt que d'aller jouer. S'il m'accompagnait vraiment régulièrement, il valait mieux que je m'équipe. Je ne pouvais pas continuer à circuler dans la ville, mon chat attaché à un lacet. Déjà, c'était inconfortable, mais surtout, c'était bien trop dangereux.

Avec Bob, nous avons sauté dans un bus pour nous rendre à Archway. La branche du nord de Londres de l'organisme de charité Cats Protection s'y trouvait.

Bob a semblé remarquer tout de suite que ce n'était pas le trajet des deux jours précédents. De temps en temps, il se tournait vers moi comme pour dire : « Alors, tu m'emmènes où aujourd'hui ? » Il n'était pas anxieux, juste curieux.

Le magasin du Cats Protection était une petite boutique élégante et moderne avec toute sorte d'équipements, de jouets et de livres pour et sur les chats. On y distribuait des tas de brochures et de dépliants concernant tous les aspects des soins qu'on devait apporter à un chat, depuis les implants jusqu'à la protection contre la toxoplasmose, en passant par les conseils sur l'alimentation et la stérilisation. J'ai pris un peu de lecture pour la suite.

Seules deux employées travaillaient là et les clients n'affluaient pas ce jour-là. Du coup, elles n'ont pas pu résister à venir bavarder avec moi alors que je circulais dans les allées, Bob sur l'épaule.

— C'est un beau chat, a complimenté l'une des deux en caressant Bob.

Il savait qu'il était en terrain conquis, parce qu'il s'est penché vers elle, alors qu'elle passait la main sur son pelage.

Nous avons ensuite engagé la conversation sur ma rencontre avec Bob. J'ai aussi expliqué ce qui nous était arrivé les deux jours d'avant. Elles ont souri et hoché la tête.

— Beaucoup de chats aiment se balader avec leurs maîtres, a commenté l'une d'elles. Ils aiment marcher dans le parc ou faire une petite promenade dans la rue. Mais je vois bien que Bob est spécial, non ?

— Carrément, a renchéri sa collègue. Vous avez déniché un petit bijou. Manifestement, il vous a adopté.

Ça faisait du bien de les entendre me confirmer ce que, au fond de moi, je savais déjà. Il m'arrivait de temps en temps d'être assailli d'une pointe de doute, me demandant si je ne devrais pas m'efforcer un peu plus sérieusement de lui rendre sa liberté, si je faisais bien de le garder avec moi dans mon appartement. Leurs mots m'ont vraiment réconforté.

Ce que je ne savais pas encore, en revanche, c'était m'occuper au mieux de lui, s'il devait devenir mon compagnon régulier dans les rues de Londres. Pas le plus sûr des environnements, et ce n'était rien de le dire. Hormis la circulation évidente, les menaces potentielles et les dangers se comptaient par milliers.

— Le mieux, c'est d'acheter un équipement complet comme celui-ci, a dit l'une des employées en me tendant un très joli harnais bleu en nylon, avec le collier et la laisse assortis.

Elle m'en a expliqué les avantages et les inconvénients.

— Ce n'est pas une très bonne idée de se contenter d'attacher une laisse à un collier de chat. Cela peut lui blesser le cou et même l'étrangler. Et le problème, avec les colliers de meilleure qualité, c'est qu'ils sont élastiques ou conçus avec une sécurité qui permet au chat de s'en défaire s'il s'accroche quelque part. De ce fait, il peut s'enfuir. Vous risquez fort de vous retrouver vite avec une laisse sans rien au bout, a exposé la jeune femme. Je pense que vous feriez vraiment mieux de prendre un harnais et une laisse, surtout si vous êtes tout le temps à l'extérieur.

— Ça ne va pas lui faire bizarre ? ai-je demandé. Pas naturel ?

— Il faudra l'y habituer, a-t-elle acquiescé. Ça va sans doute prendre une ou deux semaines. Commencez par la lui mettre quelques minutes par jour à la maison avant de sortir avec. Et à partir de là, allez-y graduellement.

Elle m'a vu hésiter.

— Vous n'avez qu'à essayer tout de suite, m'a-t-elle alors proposé.

— Pourquoi pas ?

Bob était confortablement assis et n'a pas opposé trop de résistance, même s'il était clair qu'il ne comprenait pas bien ce que je lui voulais.

— Mettez-le-lui et attendez qu'il s'habitue à la sensation sur son corps.

Le harnais, la laisse et le collier coûtaient environ trente livres. Le harnais était l'un des plus chers du magasin, mais je me suis dit que ça valait la peine.

Si j'avais été un chef d'entreprise, à la tête de James & Bob Inc., j'aurais pensé qu'il faut prendre soin de ses employés, investir dans ses ressources humaines, ou en l'occurrence dans ses ressources félines.

Il ne m'a fallu que quelques jours pour habituer Bob au harnais. J'ai commencé par le lui mettre à la maison seulement, parfois avec la laisse en plus. Au début, il était un peu embêté par cette queue en cuir supplémentaire extra-longue. Mais il s'y est vite fait. Chaque fois qu'il l'acceptait, je n'oubliais pas de le complimenter. Je savais que le pire serait de lui crier dessus, ce que je ne faisais jamais, d'ailleurs.

Après quelques jours, nous sommes passés à l'étape supérieure : une petite balade dehors. Quand nous partions chanter, je prenais encore l'ancien collier, mais de temps en temps, je lui attachais le nouveau harnais pour une petite partie du trajet. Petit à petit, c'est devenu une seconde nature pour lui de le porter.

Bob venait encore tous les jours avec moi. Nous ne restions pas dans la rue trop longtemps, je ne voulais pas lui infliger ça. Même si j'avais bien le sentiment qu'il me suivrait au bout du monde, et même s'il restait toujours assis sur mon épaule, et n'avait pas à marcher, je ne comptais pas le surmener.

Un jour, trois semaines après le début de nos concerts ensemble, il a décidé qu'il ne voulait pas venir avec moi. En général, à la minute où il me voyait enfiler mon manteau et ranger mon sac à dos, il s'avançait vers moi, prêt à ce que je lui mette sa laisse. Mais cette fois-là, alors que je me préparais comme d'habitude, il est parti derrière le canapé, puis est allé s'allonger sous le radiateur. Comme s'il me disait : « Je prends ma journée. »

Je voyais qu'il était fatigué.

— Ça te dit rien, aujourd'hui, Bob ? ai-je commenté en le caressant.

Il m'a regardé avec son air entendu.

— Pas de problème, ai-je assuré, allant vers la cuisine pour verser quelques croquettes dans sa gamelle, afin qu'il ne meure pas de faim jusqu'à mon retour.

J'avais lu un article quelque part, qui disait que si on laisse la télé allumée, les animaux domestiques se sentent moins seuls quand leurs maîtres ne sont pas là. Je ne savais pas si c'était vrai, mais j'ai quand même allumé. Il s'est tout de suite installé à son endroit favori pour la regarder.

En sortant ce jour-là, j'ai vraiment pris conscience de la différence que Bob avait apportée dans ma vie. Avec lui sur mon épaule ou au bout de sa laisse, j'attirais les regards partout. Seul, j'étais de nouveau invisible. À ce moment-là, nous étions déjà un peu connus dans le quartier et quelques voisins m'ont tout de même exprimé leur inquiétude.

— Le chat n'est pas là aujourd'hui ? m'a demandé un vendeur alors que je rentrais le soir.

— Il a pris sa journée.

— Ah, super. Je me faisais du souci, je n'aurais pas voulu qu'il soit arrivé quelque chose au petit gars, a-t-il souri en brandissant ses pouces.

D'autres personnes encore m'ont arrêté pour me poser la même question. Dès que je leur disais que Bob allait bien, elles continuaient leur route. Personne ne prenait vraiment le temps de bavarder avec moi, comme quand Bob m'accompagnait. Ça ne me plaisait peut-être pas, mais je l'acceptais. Il fallait bien que je me fasse une raison.

Sur le trottoir à James Street, le cliquetis des pièces qui pleuvaient dans l'étui était devenu une douce musique à mes oreilles, je l'avoue volontiers. Mais sans Bob, le *tempo* avait largement ralenti. Alors que je jouais, j'étais conscient que je me faisais bien moins d'argent en son absence. Il m'a fallu encore deux bonnes heures pour empocher la moitié de la somme que je gagnais les bons jours avec Bob. Retour aux pécules d'avant lui, mais pas grave.

Mais quand je suis rentré, le soir, j'ai commencé à prendre conscience de quelque chose. Ce n'était pas simplement une question d'argent, je ne mourrais pas de faim de toute façon. Non, ma vie était devenue bien plus riche maintenant que j'avais Bob.

C'était un plaisir d'avoir une compagnie aussi agréable, un ami aussi charmant, mais quelque part, j'avais l'impression qu'on m'offrait une chance de me remettre sur les rails.

Ce n'est pas facile quand on travaille dans la rue. Les gens ne veulent pas vous laisser votre chance. Avant d'avoir Bob, si j'essayais d'approcher les gens dans les pubs avec ma guitare, je recevais des « non, désolé », avant même d'ouvrir la bouche pour dire bonjour.

Même si je demandais l'heure, on me répondait directement : « Je n'ai pas de monnaie, désolé. » Ça arrivait tout le temps. On ne me laissait même pas parler.

Les gens ne veulent pas écouter. Tout ce qu'ils voient, c'est un type qui va essayer de les plumer. Ils ne comprennent pas que je travaillais ; je ne mendiais pas. J'essayais de gagner ma vie. Ce n'est pas parce que je ne portais pas de costume cravate et qu'un attaché-case ou un ordinateur ne se balançait pas au bout de mon bras, ni parce que je ne pouvais pas leur montrer de fiche de paie, qu'ils devaient me considérer comme un pirate.

Grâce à Bob, je pouvais enfin interagir avec les autres.

Ils s'adressaient à Bob, et du coup, je pouvais expliquer ma situation. Ils me demandaient d'où il venait, et je racontais notre rencontre, et comment on gagnait de l'argent pour payer notre nourriture, nos factures et notre loyer. Les gens me prêtaient alors volontiers attention.

Psychologiquement, ils commençaient aussi à me voir sous un autre jour.

Les chats n'offrent pas leur affection facilement, ils sont connus pour être exigeants. Et si un chat n'aime pas son maître, il part s'en trouver un autre, les chats n'ont aucun scrupule à le faire. Ils partent vivre avec quelqu'un d'autre. La compagnie d'un chat me rendait plus sympathique à leurs yeux. Je retrouvais mon humanité. Surtout après en avoir été tellement dépouillé. D'une certaine façon, grâce à Bob, je récupérais mon identité. J'avais été une non-personne, je redevenais quelqu'un.

# 7.

# Les deux mousquetaires

Bob ne changeait pas l'attitude des gens à mon égard, il changeait aussi mon attitude à l'égard des gens.

Je n'avais jamais vraiment eu de responsabilités envers qui que ce soit dans ma vie. J'avais eu des petits boulots ici et là quand j'étais jeune en Australie et j'avais aussi fait partie d'un groupe de musique, ce qui demande un peu de travail d'équipe. Mais la vérité, c'est que depuis que j'avais quitté la maison, adolescent, je n'avais jamais eu qu'à m'occuper de moi-même. Il avait bien fallu que je prenne soin de moi, parce que je n'avais eu personne d'autre pour le faire. Par conséquent, ma vie était devenue très égoïste : tout tournait autour de ma survie quotidienne.

L'arrivée de Bob dans ma vie a tout changé de façon spectaculaire. J'assumais tout à coup une nouvelle responsabilité : la santé et le bonheur d'un petit être dépendaient de moi.

Au début, ça m'avait un peu choqué, mais je commençais à m'y faire. En fait, j'adorais, même. Je sais que ça peut paraître idiot, mais pour la première fois, j'avais une idée de ce qu'on pouvait ressentir à s'occuper d'un enfant. Bob était mon bébé et m'assurer qu'il ait bien chaud, qu'il n'ait pas faim et qu'il soit en sécurité m'apportait énormément. Ça faisait aussi très peur.

Je me faisais sans arrêt du souci pour lui, surtout quand nous étions dans la rue. À Covent Garden et ailleurs, j'adoptais toujours une attitude protectrice, mon instinct me dictant de veiller sur lui de très près. Et non sans raison.

Je ne m'étais pas laissé berner par un semblant de sécurité parce que les gens appréciaient Bob. Les rues de Londres ne sont pas réservées aux gentils touristes et aux amis des chats, tout le monde ne se comporte pas de façon aussi bienveillante en apercevant un mendiant et son chat qui chantent sur un bout de trottoir pour gagner leur vie. Cela m'arrivait moins maintenant que j'avais Bob, mais j'essuyais encore des salves d'insultes de temps en temps, en général de la part de jeunes éméchés qui pensaient, parce qu'ils recevaient un salaire à la fin du mois, qu'ils valaient mieux que moi.

— Va te chercher un vrai métier, connard, avec tes cheveux jusqu'au cul, criaient-ils en substance, mais un peu plus grossièrement encore.

Je ne faisais pas grand cas de leurs invectives. En revanche, quand leur agressivité se tournait vers Bob, je ne l'entendais pas de la même oreille. Mon instinct protecteur prenait vraiment le dessus.

Certaines personnes nous voyaient, Bob et moi, comme des cibles faciles. Pratiquement tous les jours, nous étions abordés par un imbécile ou un autre, qui criaient des insanités et se moquaient de nous. Parfois, ils menaçaient de devenir violents.

Un vendredi, peu de temps après que Bob et moi avons commencé à venir à Covent Garden ensemble, je jouais sur James Street, quand un groupe de jeunes Noirs bagarreurs s'est approché de nous. Ils roulaient des mécaniques et cherchaient clairement les embrouilles. Deux d'entre eux ont repéré Bob à côté de moi et ont commencé à aboyer et à miauler, ce qui amusait beaucoup leurs camarades.

J'aurais pu supporter ça : c'était juste stupide et puéril. Mais ensuite, sans raison, l'un d'eux a donné un grand coup de pied à l'étui dans lequel Bob était installé. Ça n'avait pas été une petite tape du bout de la chaussure, mais une frappe chargée de venin qui a envoyé l'étui et Bob valser à quelques mètres de moi sur le trottoir.

Bob a été vraiment secoué. Il a émis un grondement grave, presque un cri, et a bondi hors de l'étui. Heureusement, sa laisse était attachée, sinon il se serait certainement enfui au milieu de la foule, et j'aurais pu ne jamais le revoir. Mais, retenu par la laisse, il n'avait d'autre choix que d'aller se cacher derrière mon sac à dos, tout près de moi.

Je me suis levé immédiatement pour affronter le type.

— Pourquoi t'as fait ça ? ai-je demandé, presque collé à son visage.

Je suis assez grand et je le dominais de ma stature, mais cela ne semblait pas l'intimider.

— Je voulais juste voir si le chat était vrai, a-t-il répondu en riant, comme si c'était la meilleure blague de sa vie.

Moi, je ne voyais pas ce qu'il trouvait de drôle à ça.

— Très amusant, espèce d'abruti ! ai-je rétorqué.

Ça a tout enflammé. Tout le groupe m'a encerclé et

l'un de ses membres s'est mis à me bousculer du torse et des épaules, mais je suis resté planté sur place et je l'ai repoussé. Pendant une seconde, plus personne n'a bougé, mais ensuite, je leur ai montré une caméra de surveillance que je savais placée dans un coin de la rue, à côté de nous.

— Allez-y, faites ce que vous voulez. Mais souvenez-vous, vous êtes filmés, on verra si vous allez loin après ça.

J'aurais beaucoup aimé conserver sur une vidéo l'expression qui s'est affichée sur leurs visages. Manifestement, ils étaient conscients qu'on ne pouvait pas s'en tirer avec des actes de violence filmés. L'un d'eux m'envoya un regard noir qui disait : « Je te ferai la peau. »

Bien sûr, ils ne pouvaient pas partir sans m'accabler d'une autre pluie d'insultes. Mais ils ne sont pas restés longtemps et se sont vite éloignés en me gratifiant de doigts d'honneur et autres jurons corporels. Je m'en fichais bien. En fait, j'étais content de les voir partir. Mais ce soir-là, nous n'avons pas trop tardé. Je connaissais ce genre de types : ils n'apprécient pas de se faire rembarrer.

Cet incident m'a démontré plusieurs évidences. D'abord, il est toujours bon de se placer sous une caméra de surveillance. C'est un autre musicien des rues qui m'avait pour la première fois donné ce tuyau.

— Tu seras plus en sécurité, m'avait-il dit.

Bien sûr, je savais tout mieux que tout le monde à cette époque. Est-ce que ça n'allait pas fournir à la police la preuve que je chantais illégalement ? J'avais passé outre son conseil pendant un temps, mais petit à petit, j'avais compris la sagesse de son point de vue

et des incidents tels que celui-là n
donner raison d'être prudent.

Voilà pour le positif. Le néga
rappelé autre chose que je savais
seul quand je rencontrais des ennu
policier en vue, pas le moindre gardien du c
nul contrôleur de métro n'approchait. Même si beau-
coup de passants s'étaient arrêtés pour me regarder juste avant l'altercation, personne n'avait offert d'intervenir. En fait, tout le monde s'était empressé de repartir se noyer dans la foule des anonymes, personne n'allait me porter assistance. Pour ça, rien n'avait changé. Sauf que, bien sûr, maintenant, j'avais Bob.

Sur le chemin du retour, ce soir-là, il s'est blotti contre moi dans le bus.

— C'est toi et moi contre le reste du monde, ai-je dit. On est les deux mousquetaires.

Il a enfoncé son museau dans le creux de mon bras et a ronronné doucement, comme s'il confirmait.

La dure réalité, c'est qu'à Londres, il faut tout le temps être sur ses gardes. Depuis que j'emmenais Bob avec moi, je me méfiais beaucoup des chiens par exemple. Ils proliféraient dans les rues de Londres et évidemment, beaucoup s'intéressaient de très près à Bob. Pour être juste, dans la plus grande majorité des cas, les maîtres remarquaient quand leurs toutous s'approchaient un peu trop près et tiraient gentiment sur leur laisse. Mais d'autres s'en fichaient complètement.

Heureusement, Bob ne semblait pas du tout perturbé par leur proximité, il les ignorait tout simplement. S'ils avançaient vers lui, il se contentait de les regarder fixement. Et encore une fois, cela renforçait mon hypothèse qu'il avait commencé sa vie dans les rues, et qu'il avait appris à faire face à tout type de situations.

[…]maine après l'incident du groupe de jeunes, j'ai […]uvert à quel point il savait se défendre tout seul.

Nous étions assis sur Neal Street vers la fin de l'après-midi quand un type accompagné d'un terrier s'est profilé à l'horizon. Les connards ont toujours des Staffordshire bull-terrier, c'est un fait de la vie londonienne, et ce gars-là avait vraiment l'air d'un connard. Il avait le crâne rasé, une bière à la main et portait un jogging en mauvais état. À en croire sa démarche titubante, il était déjà complètement bourré et il n'était que 4 heures.

Ils ont ralenti à côté de nous, simplement parce que le cabot tirait sur sa laisse, attiré par Bob.

En fait, le chien n'était pas menaçant, il reniflait juste Bob. D'ailleurs, même pas : il reniflait plutôt les biscuits que Bob avait devant lui. Il n'était pas en train de les manger à cet instant-là, alors le terrier a fourré sa truffe, tout excité, dans le bol.

Je ne suis pas revenu de ce qui s'est produit ensuite.

J'avais déjà vu Bob avec pas mal de chiens ; son attitude habituelle était l'indifférence. Cette fois, il a dû sentir qu'il fallait passer à l'action.

Il avait jusqu'alors somnolé tranquillement à mes côtés. Mais quand le terrier s'est penché pour manger les biscuits, il a levé la tête, tout doucement, s'est redressé, et il a tout simplement giflé la gueule du chien avec sa patte. Aussi rapide qu'une droite à la Mohamed Ali.

Le chien était stupéfait. Il a reculé, choqué.

J'étais aussi sidéré que le chien, je pense. J'ai éclaté de rire.

Le maître m'a regardé, puis a regardé son toutou. Je pense qu'il était tellement cuit qu'il n'avait rien vu de ce qui s'était passé, d'autant que cela s'était produit en un éclair. Il a donné une tape dans la nuque du terrier et a repris sa route. Ce devait être la honte de sa vie que son monstre ait pu se faire ainsi ridiculiser par un chat.

Bob contempla fièrement la brute qui repartait, la queue entre les jambes. Après quelques secondes, il a repris sa position d'avant cette petite interruption et s'est remis à somnoler. On aurait dit que ça n'avait été qu'une petite perturbation pour lui, comme s'il avait dû chasser une mouche. Mais pour moi, ce fut une révélation : je comprenais soudain tant de choses de sa vie d'avant notre rencontre. Il n'avait pas peur de s'affirmer. En fait, il savait très bien comment se protéger. Il avait dû l'apprendre quelque part, peut-être dans un environnement où il avait été entouré de chiens, et de chiens agressifs avec ça.

Encore une fois, la même question m'a taraudé. Où avait-il grandi ? Quelles aventures avait-il vécues avant de me rejoindre et de devenir le second mousquetaire ?

Vivre avec Bob était amusant. Comme notre petit accrochage avec le terrier l'avait prouvé, on ne s'ennuyait jamais. Il avait, à n'en pas douter, une réelle personnalité. Tout un tas d'excentricités enrichissaient son caractère, comme je le découvrais jour après jour.

À cette époque, il me semblait évident qu'il avait grandi dans la rue. Pas simplement à cause de sa capacité à se défendre, mais il n'avait rien d'un chat domestique : c'était un dur. Même après plusieurs mois en appartement, il refusait toujours d'aller dans sa litière. Il détestait vraiment ça, et chaque fois que j'approchais son bac, il filait le plus loin possible de moi. Il préférait se retenir jusqu'à ce que j'ouvre la porte de la maison, pour se soulager dehors.

Je ne voulais pas que ça continue ainsi. Tout d'abord, il n'était pas très drôle d'avoir à descendre, et surtout à remonter, cinq étages pour sortir le chat chaque fois qu'il devait faire ses besoins. Alors j'ai essayé de ne plus donner d'autre choix à Bob que d'utiliser sa litière. Un jour, au cours de cette troisième semaine, je me suis dit que j'allais rester vingt-quatre heures sans le laisser sortir, pour qu'il soit finalement contraint d'aller dans sa litière. Mais il a gagné haut la main. Il s'est parfaitement retenu, attendant encore et encore que je sorte. Ensuite, il s'est faufilé entre la porte et moi et a dévalé l'escalier. Jeu, set et match, Bob. J'ai compris que cette bataille, je n'allais pas la remporter.

Il avait aussi un côté sauvage. Il était plus calme qu'au moment où il était entré dans ma vie, surtout parce qu'il avait été stérilisé, mais il lui arrivait encore de se déchaîner dans l'appartement, renversant tout sur son passage, jouant avec tout ce qui lui tombait sous le coussinet. Un jour, je l'ai regardé se défouler pendant près d'une heure avec le bouchon d'une bouteille, le roulant sur le sol du salon avec ses pattes. Un autre jour, il a trouvé un bourdon. Blessé, une aile en moins, l'insecte se débattait sur la table basse du salon, s'envolait tant bien que mal, pour ensuite retomber lourdement sur le tapis. Chaque fois, Bob le ramassait très délicatement avec les dents et le remettait sur la table. Il était impressionnant de voir avec quelle douceur il pouvait le soulever par une aile pour le placer sur le plateau lisse de la table. Il le regardait alors lutter de nouveau. C'était vraiment drôle. Il ne voulait pas le manger, juste jouer avec.

Son instinct de chat de gouttière ressurgissait aussi quand il s'agissait de nourriture. Quand je le descendais pour qu'il fasse ses besoins, il partait droit vers l'endroit où les poubelles étaient rangées derrière l'immeuble. Les grands bacs à roulettes restaient souvent ouverts et, de temps en temps, ils étaient pleins de sacs en plastique noirs qui avaient déjà été déchirés par des renards urbains ou des chiens errants. Bob allait toujours vérifier s'il ne pouvait pas y trouver quelque chose à manger. Je l'ai même surpris une fois avec un os de poulet que les autres rapaces avaient oublié. Pas facile de perdre ses vieilles habitudes, me suis-je dit.

C'était évident. Même si je le nourrissais régulièrement, il continuait à traiter chaque repas comme si c'était le dernier. À la maison, dès que je lui tendais sa gamelle, il se jetait dessus comme la misère sur le pauvre monde.

— Ralentis et déguste, Bob, lui disais-je, mais en vain.

Il avait dû passer si longtemps à se contenter des rares occasions qui se présentaient à lui de manger qu'il avait du mal à s'adapter à un endroit où il avait la garantie de recevoir un repas copieux deux fois par jour. J'avais connu ça aussi ; je ne pouvais que le comprendre.

Bob et moi, on avait tellement en commun. C'est peut-être pour ça que nous avons si vite tissé un lien solide, qui devenait de plus en plus profond.

Le plus énervant, tout de même – et je suis sérieux –, c'est que je commençais à retrouver ses poils un peu partout dans l'appartement.

Rien de plus naturel, bien sûr : le printemps était arrivé et il se débarrassait de son manteau d'hiver. Mais il perdait vraiment beaucoup de poils. Et pour favoriser la mue, il se frottait contre tout ce qu'il trouvait dans l'appartement, et ainsi il recouvrait le moindre centimètre carré d'un épais film de poils. Vraiment agaçant.

C'était un bon signe, montrant que son pelage, et tout le reste de son corps, reprenait des forces. Il était encore un peu maigrichon, mais on ne voyait plus ses côtes comme au début. Son poil était naturellement fin, à cause de l'environnement dans lequel il avait dû grandir, c'est-à-dire la rue. Le traitement avait couvert les parties de peau complètement à nu et les antibiotiques avaient vraiment bien guéri sa blessure à la patte. En fait, elle avait pratiquement disparu. Sans connaître son existence, on ne pouvait pas la remarquer.

En somme, il était en bien meilleure forme qu'un mois plus tôt.

Je ne le baignais pas. Les chats se lavent tout seuls, et il ne dérogeait pas à la règle, se léchant et se lustrant sans arrêt. En fait, Bob était même le chat le plus méticuleux qu'il m'ait été donné de voir. Je l'observais s'adonner à son rituel, se mordillant délicatement les coussinets. Ça me fascinait, surtout parce que ce rituel était si étroitement lié à ses ancêtres.

Les parents éloignés de Bob venaient de pays chauds et ils ne transpiraient pas, alors se lécher était pour eux le moyen de se recouvrir de salive pour se rafraîchir. C'était leur version de sa cape d'invisibilité.

L'odeur peut être un handicap pour la chasse. Les chats sont des chasseurs rapides qui piègent leurs proies, et par conséquent, ils doivent être le plus discrets possible. Leur salive contient un déodorant naturel, ce qui explique aussi pourquoi ils se lèchent beaucoup. Il a été prouvé par des zoologues que les chats qui parviennent le mieux à effacer leur odeur en se léchant survivent plus longtemps que les autres et ont une plus belle descendance. C'est aussi pour eux un moyen de se cacher des prédateurs comme les gros serpents, les lézards et les autres carnivores plus gros.

Bien sûr, la raison pour laquelle Bob et ses ancêtres avant lui se sont toujours léchés, c'est avant tout pour rester en bonne santé. Les chats se soignent efficacement : lécher les coupures diminue le nombre de parasites tels que les puces, les mites et les tiques qui peuvent leur nuire. Ça contribue aussi à stopper les infections des plaies ouvertes, puisque leur salive agit comme un antiseptique. Alors que je l'admirais un jour, je me suis dit que c'était peut-être pour cela qu'il se léchait si régulièrement. Il savait que son corps avait été mis à mal. C'était son moyen de contribuer à sa guérison.

Et il avait développé une habitude amusante : regarder la télé. J'avais pour la première fois remarqué qu'il observait fixement ce qui se passait sur les écrans alors que je jouais sur un ordinateur de la bibliothèque municipale. J'y passais souvent un peu de temps en allant à Covent Garden ou quand je n'allais pas travailler. J'avais emmené Bob en balade. Il avait décidé de s'asseoir sur mes genoux et de regarder les images qui s'affichaient sur le moniteur. J'avais remarqué que quand je bougeais la souris, il essayait d'attraper le curseur avec la patte. Alors, de retour à l'appartement, en guise d'expérience, j'ai allumé la télé et j'ai quitté le salon pour faire quelque chose dans ma chambre. Quand je suis revenu, j'ai trouvé Bob blotti sur le sofa, en train d'observer.

Un ami dont le chat adorait *Star Trek : la nouvelle génération* m'avait parlé de chats qui regardent la télé. Chaque fois qu'il entendait le générique familier, il accourait dans le salon et sautait sur le canapé. Je l'ai vu faire à plusieurs reprises. Hilarant, franchement.

Très vite, Bob était devenu accro à la télé. Si quelque chose attirait son regard, alors il restait scotché à l'écran. Je trouvais très drôle de l'observer devant les courses hippiques sur *Channel Four*. Il adorait les chevaux. Ce n'était pas le genre d'émissions qui me branchaient, mais j'aimais trop le voir totalement captivé.

# 8.

# C'est officiel

Un jeudi matin, quelques semaines après que nous avons commencé nos journées de travail à deux à Covent Garden, je me suis levé plus tôt que d'habitude, je nous ai préparé un petit déjeuner à tous les deux et je me suis dirigé vers la porte avec Bob. Plutôt que de nous rendre au centre-ville de Londres comme tous les jours, nous sommes descendus du bus près d'Islington Green.

J'avais pris une décision. Comme il m'accompagnait tous les jours dans la rue, il fallait que je me montre responsable et que je lui fasse implanter une puce électronique.

Cette opération, autrefois, était compliquée ; mais de nos jours, rien de plus simple. C'est une petite intervention chirurgicale au cours de laquelle le vétérinaire injecte une minuscule puce dans le cou du chat. La puce contient un numéro de série, qui est ensuite consigné avec les coordonnées du maître. De cette manière, si un chat se perd, on peut retrouver la trace du propriétaire en scannant la puce.

Étant donné la vie qu'on menait, Bob et moi, je

me suis dit que c'était une bonne idée. Si jamais nous étions séparés, Dieu nous en préserve, on pourrait se retrouver. Et au pire du pire, s'il m'arrivait quelque chose, Bob ne passerait pas pour un chat errant, il serait de nouveau confié à un foyer aimant.

Quand j'ai commencé mes recherches sur le procédé des implants électroniques à la bibliothèque, j'en suis rapidement arrivé à la conclusion que je ne pouvais pas me le permettre. La plupart des vétérinaires facturaient dans les soixante à quatre-vingts livres pour insérer une puce. Une somme exorbitante que je n'avais tout simplement pas, et même si je l'avais eue, ce n'est pas dans une puce que j'aurais voulu la dépenser.

Mais un jour, j'ai discuté avec la dame des chats de l'autre côté de la rue.

— Vous devriez aller au Blue Cross sur Islington Green, un jeudi, m'a-t-elle conseillé. On n'y prend que le prix de la puce. Mais surtout, soyez là-bas très tôt, il y a toujours la queue.

Donc je suis parti très tôt ce matin-là pour arriver à l'ouverture de la clinique, à 10 heures.

Comme m'avait prévenu la dame des chats, dès notre arrivée à Islington Green, nous avons vu une très longue file d'attente qui s'étendait jusqu'au grand magasin de livres *Waterstone*. Heureusement, c'était une journée claire et ensoleillée, donc pas de problème pour rester dehors.

On a retrouvé le panel habituel des clients dans ce genre de situation : des chats dans des paniers chic, des chiens qui se reniflent les uns les autres et qui dérangent tout le monde. Mais les gens étaient assez sympathiques et certainement plus agréables que la population croisée dans la salle d'attente de la RSPCA où j'avais emmené Bob pour sa première visite.

Le plus marrant, c'est que Bob était le seul chat à ne pas être dans un panier, alors il attirait toute l'attention, comme toujours. Deux dames âgées ne cachaient pas leur enthousiasme et n'arrêtaient pas de jouer avec lui.

Après une heure environ, avec Bob, on est arrivés en première ligne et on a été accueillis par une jeune infirmière avec des cheveux courts au carré.

— Combien ça va me coûter de lui faire poser un implant ? ai-je demandé.

— Quinze livres.

À me voir, il était assez clair que je ne roulais pas sur l'or, alors elle a tout de suite essayé de me rassurer.

— Mais il n'est pas nécessaire de tout régler en même temps ; vous pouvez le faire sur plusieurs semaines. Disons deux livres par semaine, est-ce que cela vous irait ?

— Super, ai-je répondu, agréablement surpris. Ça, je peux.

Elle a examiné Bob rapidement, pour vérifier qu'il se portait bien, ce qui était le cas. Il avait l'air bien plus en forme ces derniers jours, surtout maintenant qu'il s'était complètement défait de son pelage d'hiver. Il était svelte et très athlétique.

Elle nous a conduits dans la salle d'opération, où le vétérinaire nous attendait. Un jeune gars dans les vingt-cinq, trente ans, environ.

— Bonjour, m'a-t-il salué avant de se tourner vers l'infirmière.

Ils se sont entretenus un moment dans un coin puis ont commencé à préparer l'intervention. Je les ai regardés travailler ensemble. L'infirmière a sorti quelques papiers pendant que le vétérinaire remplissait sa seringue pour injecter la puce. Sa taille m'a un peu coupé le souffle : une de ces vieilles aiguilles incroyablement longues. Mais d'un autre côté, je me suis dit que c'était le moins qu'on pouvait faire avec une puce grosse comme un grain de riz. Il fallait qu'elle soit assez volumineuse pour entrer dans la peau de l'animal.

Bob n'a évidemment pas non plus apprécié de voir cette lance s'approcher de lui. Alors, avec l'infirmière, on a dû le tenir et le tourner vers le mur pour qu'il ne voie pas ce que le vétérinaire lui faisait.

Bob n'était pas bête, cependant, et il avait bien compris ce qui se tramait. Il est devenu très agité, se débattant pour se libérer de mon emprise.

— Tout ira bien, mon gars ! ai-je promis en lui caressant le ventre et les pattes, pendant que le vétérinaire avançait vers nous.

Quand la seringue est entrée, Bob a poussé un cri perçant qui m'a déchiré le cœur comme un poignard et j'ai cru que j'allais tomber dans les pommes lorsqu'il s'est mis à frémir de douleur.

Mais le tremblement s'est vite calmé. Je lui ai donné un petit biscuit que j'ai sorti de mon sac à dos et suis parti vers l'accueil en le prenant dans mes bras.

— Bien joué, mon gars, l'ai-je complimenté.

L'infirmière m'a prié de remplir un formulaire qui semblait très compliqué. Heureusement, les informations demandées étaient classiques.

— Maintenant, j'ai besoin de vos coordonnées pour qu'elles figurent sur notre base de données, a-t-elle expliqué. Il nous faut vos nom, adresse, âge, numéro de téléphone, ce genre de choses, a-t-elle dit en souriant.

Ce n'est qu'en la regardant prendre des notes que ça m'a frappé. Est-ce que je devenais le maître officiel de Bob ?

— Donc, d'un point de vue légal, ça veut dire que je suis désormais enregistré comme son propriétaire ?

Elle a levé les yeux de ses papiers et m'a souri.

— Oui, ça vous convient ?

— Oui, c'est super, ai-je garanti, un peu sidéré. Vraiment super.

Bob retrouvait un peu ses esprits. Je lui ai caressé le haut de la tête. Il était clair qu'il sentait encore l'effet de la piqûre, alors je n'ai pas approché la main de son cou : il m'aurait déchiqueté le bras.

— Tu as entendu ça, Bob ? On dirait bien qu'on est officiellement une famille.

Je suis certain d'avoir attiré encore plus de regards que d'habitude quand nous avons traversé Islington après ça. Je devais afficher un sourire plus grand que la Tamise.

*
* *

Avoir Bob avec moi avait déjà changé ma façon de vivre. Grâce à lui, je m'étais beaucoup rangé.

En plus de m'apporter un rythme plus régulier et un sens des responsabilités, il m'avait aussi aidé à me regarder de plus près. Et ce que j'avais vu ne m'avait pas plu.

Je n'étais pas fier d'être un ancien toxico et encore moins de devoir me rendre dans une clinique de désintoxication deux fois par mois et d'aller chercher tous les jours mes médicaments dans une pharmacie. Donc j'ai décidé qu'à moins que ce soit obligé, je ne l'emmènerais pas avec moi pour ces corvées. Je sais que ça peut paraître loufoque, mais je ne voulais pas qu'il connaisse cet aspect sordide de mon passé. Et là-dessus aussi il m'avait aidé : j'avais vraiment classé cet épisode de ma vie dans le passé. Je voyais mon avenir sans aucune drogue, à vivre une existence normale. Il fallait juste que je persévère dans cette voie-là.

De petits rappels de mon passé et de la route qu'il me restait à parcourir surgissaient toujours de temps à autre. Quelques jours après la pose de la puce, je fouillai partout dans l'appartement pour retrouver ma nouvelle Oyster card, le titre de transport londonien, que j'avais reçu par la poste, et je retournai tous les tiroirs dans ma chambre à coucher.

Au fond d'un placard, sous une pile de vieux journaux et de vêtements, je suis tombé sur un Tupperware. Je l'ai tout de suite reconnu, même si je ne l'avais pas vu depuis un moment. Il contenait tout mon équipement du temps où je prenais de l'héroïne. Des seringues, des aiguilles, tout ce qu'il m'avait fallu pour satisfaire mes mauvaises habitudes. C'était comme voir un fantôme et ça a éveillé un tas de mauvais souvenirs. J'ai revu des images de moi que j'avais espéré effacer de ma mémoire pour toujours.

J'ai tout de suite décidé que je ne voulais pas de cette boîte chez moi. Je ne voulais pas qu'elle me rappelle ma dépendance et qu'elle m'incite à recommencer. Et je ne voulais surtout pas que Bob puisse la découvrir un jour, même si elle était bien cachée.

Bob était assis sous le radiateur, comme toujours, mais il s'est levé quand il m'a vu enfiler mon manteau pour descendre l'escalier. Il m'a suivi jusqu'aux poubelles et m'a regardé jeter mon ancien matériel dans le conteneur approprié.

— Voilà ! me suis-je exclamé en me tournant vers Bob, qui m'adressait un de ses regards intrigués. J'aurais dû le faire depuis longtemps.

# 9.

# L'art de la fugue

La vie dans la rue n'est jamais simple. Il faut toujours s'attendre à l'imprévu. J'ai appris cette leçon très tôt. Les assistants sociaux utilisent toujours le terme « chaotique », quand ils parlent de gens comme moi. Ils disent que nos vies sont chaotiques, parce qu'elles ne se conforment pas à leur idée de la normalité, mais pour nous, c'est la normalité. Par conséquent, cela ne m'a pas surpris, vers la fin de mon premier été avec Bob et au début de l'automne, que la situation à Covent Garden commence à se compliquer. Je savais que ça ne resterait pas pareil. Rien ne restait jamais longtemps pareil dans ma vie.

Bob se montrait toujours aussi doué pour attirer les foules, et surtout les touristes. Peu importe d'où ils venaient, ils s'arrêtaient toujours pour papoter avec lui. Là, j'avais dû entendre toutes les langues de la planète, de l'afrikaans au gallois, et j'ai appris le mot « chat » dans toutes. En tchèque, *kocka* et en russe, *koshka ;* je connaissais déjà le turc, *kedi*, et mon préféré, le chinois, *mao*. J'ai vraiment été très étonné quand j'ai su que leur grand *leader* était un chat !

Mais quelle que soit la langue bizarre qui était parlée, le message était pratiquement toujours le même. Tout le monde aimait Bob.

Nous avions aussi nos groupes de « réguliers », des gens qui travaillaient dans le coin et passaient toujours à côté de nous en rentrant chez eux. Certains ne manquaient jamais de nous saluer sur leur chemin. Deux ou trois s'étaient même mis à donner régulièrement de petits cadeaux à Bob.

C'étaient les autres « locaux » qui nous posaient problème.

Tout d'abord, les gardiens du couvent de Saint-James ont commencé à nous faire des histoires. J'avais continué à jouer à côté de la station de métro. Il était arrivé à quelques reprises qu'un gardien vienne me parler. Il m'avait expliqué la règle : cette zone était réservée aux statues humaines, et le fait que l'endroit en était totalement dépourvu ne le préoccupait pas.

— La loi, c'est la loi, me répétait-il invariablement.

Et il est vrai que je connaissais la loi. Mais je savais aussi que la loi sert à être enfreinte un peu quand c'est nécessaire. C'est comme ça dans la rue : si on est du genre à respecter la loi à la lettre, on n'y est pas.

Par conséquent, chaque fois que le gardien venait vers moi, je partais ailleurs pendant quelques heures puis je revenais tranquillement à mon emplacement. Le risque en valait la chandelle, selon moi. Je n'avais jamais entendu dire qu'on appelait la police pour arrêter quelqu'un qui ne jouait pas au bon endroit.

Mais c'était avec les employés du métro que j'avais plus fort à faire, car ils semblaient vraiment contrariés que je puisse jouer à côté de leur lieu de travail. Deux contrôleurs en particulier me donnaient du fil à retordre. Ça avait commencé par des regards exaspérés, puis quelques commentaires bien sentis quand je m'installais contre le mur de la station. Mais un jour, un gros contrôleur tout transpirant dans son uniforme bleu m'avait foncé dessus, se montrant plutôt menaçant.

À cette époque, je m'étais aperçu que Bob savait très bien jauger les gens. Il repérait de loin quelqu'un de pas très net. Et celui-là, il l'avait remarqué au moment même où il s'était avancé dans notre direction, et il était venu se blottir tout contre moi.

— Ça va ? ai-je lancé.

— Pas vraiment, non. Tu ferais mieux de dégager et sur-le-champ, sinon…

— Sinon quoi ? ai-je demandé en restant sur place.

— Tu verras, a-t-il menacé, essayant clairement de m'intimider. Je te préviens…

Je savais qu'il n'avait aucune autorité en dehors de la station et qu'il s'efforçait juste de me flanquer la trouille. Mais j'ai tout de même pris la décision de m'éloigner pendant un petit moment.

Alors au début, je me suis déplacé vers Neal Street, à côté du carrefour avec Long Acre, à quelques bons mètres de la station, juste assez loin pour ne plus être dans le champ de vision des contrôleurs. Les passants étaient bien moins nombreux, et pas toujours aussi bien intentionnés que ceux de Covent Garden. La plupart des fois où j'ai joué là, un imbécile ou un autre a tapé dans mon sac ou essayé d'effrayer Bob. Je voyais bien qu'il était moins à l'aise à cet endroit : il se recroquevillait en une boule défensive et plissait les yeux en une étroite fente. C'était sa façon de dire : « J'aime pas être ici. »

Du coup, après quelques jours, plutôt que de retourner vers Covent Garden, Bob et moi, on est descendus du bus et on a traversé Soho vers Piccadilly Circus.

Bien sûr, on n'avait pas quitté le centre-ville de Londres, ni le quartier de Westminster, par conséquent, on était toujours soumis au même type de règles. Piccadilly fonctionnait un peu comme Covent Garden : certaines zones étaient destinées aux musiciens des rues. Cette fois, j'ai décidé de m'y conformer. Je savais que la partie située à l'est de Piccadilly Circus sur la route qui menait à Leicester Square était particulièrement dédiée aux musiciens des rues, alors je m'y suis dirigé.

Arrivés sur place, nous nous sommes installés à quelques mètres à peine de la sortie principale de la station de métro Piccadilly Circus, en face de l'exposition du Ripley's, *Believe It or Not*.

C'était une fin d'après-midi vraiment animée, avec des centaines de touristes dans la rue, qui se rendaient au cinéma ou au théâtre. Comme d'habitude, ils ralentissaient en voyant Bob et parfois même, ils s'arrêtaient.

Bob paraissait un peu nerveux : il se blottissait encore plus près du bord de mon étui de guitare que les autres jours. Sans doute à cause de l'importance de la foule et de cet endroit différent. Il était clairement plus à l'aise quand il reconnaissait les lieux.

Comme toujours, des gens de tous horizons se pressaient sur les trottoirs pour visiter le centre de Londres. Beaucoup de touristes japonais surtout, et la plupart complètement subjugués par Bob. J'avais vite appris un nouveau mot pour « chat » : *neko*. Tout s'est bien passé jusqu'à 18 heures, quand la foule a vraiment commencé à grossir au début de l'heure de pointe. C'est à ce moment-là qu'une sorte d'animateur du

Ripley's est sorti dans la rue. Il portait une imposante combinaison pneumatique qui le faisait paraître trois fois plus large qu'il n'était, et il faisait de grands gestes pour inviter les gens à visiter l'expo. Je n'avais aucune idée du rapport entre ce Bibendum et les œuvres à l'intérieur ; peut-être qu'il était question de l'homme le plus grand du monde. Ou du métier le plus ridicule.

Mais j'ai compris tout de suite que ça ne plaisait pas à Bob. Je l'ai vu se coller à moi dès qu'il l'a aperçu. Il avait vraiment l'air de se méfier du gars et le regarder très nerveusement. Je connaissais tout à fait la raison de son agitation : cette pub humaine avait plutôt l'air d'un monstre.

À mon grand soulagement, après un moment, Bob a fini par se poser et oublier le Bibendum. Pendant quelques minutes, nous nous sommes contentés de faire semblant de ne pas le voir alors qu'il continuait à racoler du public pour l'exposition. Il y parvenait assez bien, alors il restait plutôt loin de nous. Je chantais un air de Johnny Cash, « Ring of Fire », lorsque, sans raison particulière, le type s'est soudain approché de nous, montrant du doigt Bob comme s'il voulait le caresser. Je ne l'ai vu que quand il était déjà presque sur nous, et qu'il se penchait dans sa combinaison rembourrée. Et c'était trop tard.

La réaction de Bob a été instantanée. Il a bondi hors de l'étui et s'est sauvé au milieu de la foule avec sa nouvelle laisse qui traînait derrière lui. Avant même que je puisse faire quoi que ce soit, il avait disparu, droit dans la bouche de métro.

« Et merde ! me suis-je écrié, mon cœur tambourinant dans ma poitrine. Il est parti. Je l'ai perdu ! »

Mon instinct est immédiatement revenu à la charge. Je me suis levé pour courir à ses trousses à toute allure.

J'ai laissé ma guitare sur place, je me faisais bien trop de souci pour Bob pour penser à mon instrument. Une guitare comme celle-là, on pouvait en trouver partout.

Je me suis tout de suite retrouvé englué dans une marée humaine. Des employés de bureau éreintés après une journée de travail, des fêtards de sortie dans le « Up ouest », et comme d'habitude, des tas et des tas de touristes, certains avec des sacs à dos, d'autres accrochés à leur plan de Londres, tous un peu étourdis de débarquer dans le cœur de la capitale. Il a fallu que je me fraye un passage pour arriver à l'entrée du métro. Bien entendu, j'ai bousculé une ou deux personnes et j'ai même failli renverser une dame.

Il était impossible de voir à plus de deux centimètres avec le mur de gens qui s'avançait perpétuellement vers moi, mais quand j'ai fini par arriver en bas de l'escalier, à l'intérieur de la station, ça allait déjà un peu mieux. Je jouais encore des coudes, mais au moins, je pouvais regarder autour de moi. Je me suis baissé pour regarder au niveau du sol. Une ou deux personnes m'ont lorgné, étonnées, mais je m'en fichais bien.

— Bob, Bob, t'es passé où, mon gars ? ai-je crié, me rendant tout de suite compte qu'avec le bruit ambiant, il ne servait à rien de s'égosiller.

Il fallait que je prenne le risque d'opter pour une direction. Les barrières qui menaient aux escalators, et vers les rames, ou plutôt les autres sorties ? Où irait Bob ? J'ai pris le pari qu'il ne serait pas descendu vers le métro. Nous n'y étions jamais allés ensemble et j'imaginais que les escalators l'effraieraient.

Alors je me suis dirigé vers la sortie, de l'autre côté de Piccadilly Circus.

Après un moment, j'ai aperçu l'ombre d'une silhouette rousse sur l'un des escaliers. J'ai vu ensuite une laisse glisser derrière elle.

— Bob, Bob ! ai-je crié, me faufilant dans la foule une fois de plus et m'élançant dans cette direction.

Je n'étais désormais qu'à quelques mètres de lui, mais j'aurais pu être à des kilomètres avec la cohue environnante.

— Arrêtez-le ! Mettez un pied sur sa laisse ! ai-je hurlé, le distinguant encore une fois le temps d'un éclair.

Mais personne ne prit cette peine. En fait, personne ne faisait attention à moi.

En un clin d'œil, la laisse avait disparu et Bob avec elle. Il avait dû arriver à la sortie du bas de Regent Street et filer dans la rue.

Mais des milliers de pensées traversaient mon esprit, aucune très agréable. Et s'il s'était élancé dans la rue à Piccadilly Circus ? Et si quelqu'un l'avait emporté ? Alors que je gravissais les marches et retournais à l'air libre, j'étais dans tous mes états.

À vrai dire, j'aurais pu fondre en sanglots tellement j'étais persuadé que je ne le reverrais plus.

Je savais que ce n'était pas ma faute, mais je me sentais vraiment très mal. Pourquoi n'avais-je pas attaché sa laisse à mon sac à dos ou à ma ceinture pour qu'il ne puisse pas trop s'éloigner ? Pourquoi n'avais-je pas senti sa panique quand le type du Ripley's s'était approché ? J'avais la nausée.

De nouveau il a fallu que je fasse un choix. Où avait-il pu se diriger, arrivé en haut de l'escalier ? À gauche vers Piccadilly ou bien dans l'immense Tower Records ? J'ai suivi mon instinct et me suis dit qu'il avait simplement dû filer tout droit, sur le trottoir plus large de Regent Street.

Toujours dans la panique la plus totale, je me suis engagé dans la rue, espérant que quelqu'un l'aurait vu.

Je sais que je devais passer pour un cinglé parce que les gens me regardaient de travers. Certains se poussaient même en me voyant, comme s'ils craignaient que je sorte ma mitrailleuse.

Heureusement, tout le monde ne réagissait pas de cette façon.

Après une trentaine de mètres, j'ai interpellé une jeune fille avec un sac du Apple Store dans les mains, à l'angle d'Oxford Street et de Regent Street. Elle avait manifestement parcouru tout le chemin, et par conséquent je lui ai demandé si elle avait vu mon chat.

— Oh oui, m'a-t-elle répondu. J'ai vu un chat qui descendait la rue à toute allure. Roux. Il traînait une laisse derrière lui. Un monsieur a essayé de mettre le pied dessus pour l'arrêter, mais il courait trop vite.

Je ressentis soudain une profonde joie. J'aurais pu l'embrasser. Je savais que c'était Bob. Mais rapidement, j'ai cédé à la paranoïa : qui était ce type qui avait essayé de l'arrêter ? Qu'est-ce qu'il avait l'intention de faire avec Bob ? Est-ce que mon chat se cachait désormais dans un recoin où je ne le retrouverais plus jamais ?

Avec ces nouvelles idées dans la tête, j'ai continué sur Regent Street, vérifiant toutes les boutiques. La plupart des vendeurs prenaient un air horrifié en voyant un grand type aux cheveux longs, planté devant leur porte et faisant un pas à l'intérieur de leur magasin. D'autres m'adressaient juste des regards vides et secouaient doucement la tête. J'imaginais bien ce qu'ils pensaient. Ils se disaient que je n'étais qu'un clodo échappé une seconde de la rue.

Après une douzaine de boutiques, mon humeur a de

nouveau flanché, cette fois vers la résignation. Je ne savais pas depuis combien de temps Bob était parti. C'était comme si tout se passait au ralenti. J'étais sur le point de renoncer.

Deux cents mètres plus bas sur Regent Street, une rue perpendiculaire revenait vers Piccadilly. De là, il aurait pu prendre n'importe quelle direction : vers Mayfair ou même traverser vers Saint James et Haymarket. S'il était parti aussi loin, alors pas de doute, il était perdu.

J'allais abandonner et m'engager dans la petite rue, quand j'ai passé la tête dans un magasin de vêtements pour femmes. Deux vendeuses m'ont adressé des regards intrigués avant de tourner la tête vers l'arrière-boutique.

— Un chat roux ? a demandé l'une.

— Oui, il a un collier et une laisse.

— Il est derrière, a dit l'autre en m'invitant à entrer et à fermer la porte.

— C'est pour ça qu'on a fermé, a expliqué la première. On ne voulait pas qu'il s'enfuie et se fasse écraser.

— On s'est dit que quelqu'un le chercherait, vu qu'il a une laisse.

Elles m'ont mené vers un mur de garde-robes ouvertes remplies de vêtements chic. J'ai vu certains prix. Plus d'argent que je ne me faisais en un mois pour la plupart. Et dans le coin d'une armoire, roulé en boule, j'ai aperçu Bob.

Comme le temps avait ralenti au cours des dernières minutes, une partie de moi avait commencé à se demander s'il me fuyait. Peut-être qu'il en avait eu sa dose, de moi. Peut-être qu'il ne voulait pas de la vie que je lui offrais. Alors en m'approchant, je me suis préparé à ce qu'il se rebiffe encore et parte en courant. Mais ce n'est pas du tout ce qu'il a fait.

J'avais à peine murmuré son nom qu'il a bondi dans mes bras.

Toutes mes craintes se sont immédiatement dissipées, comme il se frottait contre moi en ronronnant.

— Tu m'as fait une sacrée peur, mon gars ! ai-je dit en le caressant. Je pensais que je t'avais perdu.

J'ai levé la tête pour voir les deux vendeuses nous regarder, l'une d'elles s'essuyant les yeux d'émotion.

— Je suis tellement heureuse que vous vous soyez retrouvés ! a-t-elle dit, au bord des larmes. Il est tellement mignon. On se demandait ce qu'on allait faire de lui si personne ne venait le réclamer avant la fermeture.

Elle s'approcha pour caresser Bob à son tour. On a discuté encore un peu pendant qu'elles comptaient la caisse et se préparaient à clore leur journée.

— Au revoir, Bob, ont-elles lancé toutes les deux alors que je me replongeais dans la foule de Piccadilly Circus avec Bob perché sur l'épaule.

Quand je suis revenu devant le musée, à ma grande surprise, j'ai retrouvé ma guitare à sa place. Peut-être que le type de la sécurité avait veillé dessus. Ou peut-être que c'était un agent de la ville qui l'avait gardée. Une voiture de patrouille était garée dans le coin et tous les policiers et les agents de la ville adoraient Bob. Il était devenu très populaire auprès de la police. Je n'avais aucune idée de qui était le bon Samaritain que j'aurais dû remercier mais ça m'était égal. J'étais juste heureux que Bob et moi soyons de nouveau ensemble.

Je n'ai pas perdu de temps pour remballer mes affaires et quitter les lieux. Nous n'avions pas gagné assez d'argent, mais c'était le moindre de mes soucis. Je me suis arrêté chez un droguiste et j'ai dépensé pratiquement toute la recette de la journée pour acheter un mousqueton que j'ai attaché à ma ceinture et à sa laisse. Grâce à ça, nous ne pouvions plus être séparés. Dans le bus, plutôt que de s'asseoir sur le siège à côté de moi, il a préféré venir sur mes genoux. Il était en général insondable, mais parfois, je savais exactement ce qu'il avait dans la tête. Ce soir-là, je n'ai pas eu de problème pour lire ses pensées. Nous étions ensemble, et aucun des deux ne voulait que ça change.

# 10.

# Le père Miaou

Au cours des quelques jours qui ont suivi le drame de Piccadilly, Bob et moi, on est restés collés l'un à l'autre comme deux rescapés sur un radeau perdu en mer. Nous avions été tous les deux méchamment secoués par l'incident.

Cela m'a beaucoup fait réfléchir à notre amitié. Pendant un moment, je me suis demandé si sa fugue exprimait la distance qu'il voulait mettre entre nous. Au fond de moi, je savais que s'il voulait retourner dans la rue, ou de là d'où il venait, je ne pourrais et ne devrais rien faire pour l'en empêcher.

Je m'interrogeais même sur la façon dont je devrais réagir s'il montrait encore une volonté de s'enfuir. S'il recommençait et que j'arrivais à le rattraper, j'ai décidé que je le confierais à la RSPCA ou au Bettersea Dogs and Cats Home où on s'occupait vraiment bien d'eux. Je ne voulais pas être son geôlier. Il avait été un ami trop cher pour que je restreigne sa liberté. Il ne méritait pas ça.

Mais Dieu merci, ça ne s'est jamais reproduit.

Une ou deux fois après l'incident, il a préféré ne pas

me suivre. Quand j'avais sorti son harnais, le matin, il avait filé derrière le canapé ou s'était caché sous la table pour me dire que ça ne lui chantait pas. Je n'avais pas insisté. Mais dans l'ensemble, il me suivait avec plaisir. Et à chaque fois, il se montrait un peu différent, plus attentif à moi, mais en même temps étrangement plus détendu.

Malgré ce qui s'était passé à Piccadilly Circus, il n'était plus aussi effrayé par la foule qu'auparavant. Peut-être parce que maintenant, il était attaché à ma ceinture et parce que je détendais moins sa laisse quand on se promenait dans la rue. En fait, je pense qu'il se sentait plus proche de moi. Notre lien avait été mis à l'épreuve et il avait survécu. J'avais l'impression que plus que jamais, il voulait rester à mes côtés.

Bien sûr, tout n'était pas idyllique. À travailler dans les rues de Londres, on ne peut pas échapper aux épisodes menaçants. Quelques semaines après ce type bibendesque à Piccadilly, nous avons vu sur Covent Garden un groupe d'artistes de rue sur d'immenses échasses. C'étaient des comédiens français de la vieille école avec des visages vraiment remarquables et effrayants.

Dès l'instant où il les a vus, gigotant au-dessus de nos têtes, j'ai senti que Bob n'était pas rassuré. Il s'est serré tout contre moi. J'essayais de me concentrer sur ma chanson, mais de temps en temps, il m'interrompait en battant sa queue sur le bois de ma guitare.

— Arrête, Bob, ai-je lancé en m'excusant auprès des quelques touristes qui s'étaient arrêtés pour m'écouter.

Bien sûr, ils ont trouvé ça drôle et ont cru que ça faisait partie du numéro. Si seulement j'étais parvenu à ce que Bob m'obéisse aussi facilement…

Dès que les personnages sur leurs échasses ont disparu, l'attitude de Bob a changé du tout au tout, bien sûr. Sans eux, il était de nouveau détendu et il s'est un peu éloigné de moi. C'est comme s'il savait que j'étais son filet de sécurité. Et j'étais heureux de le lui procurer.

Comme Noël 2007 approchait à grands pas et que notre première année ensemble allait bientôt se terminer, notre vie était bien en place. Chaque matin, je me levais et le trouvais à côté de sa gamelle dans la cuisine. Il engloutissait son petit déjeuner, puis se lançait dans une toilette méticuleuse, se léchant les pattes et le museau. Bob faisait encore ses besoins à contrecœur dans l'appartement et en général, il fallait que je l'accompagne en bas de l'immeuble pour qu'il se soulage. Parfois, je le laissais descendre seul ; il savait très bien retrouver son chemin jusqu'au cinquième étage. Pendant ce temps, je me préparais, je rangeais mon sac à dos, j'attrapais ma guitare et nous sortions en ville.

Avec Noël qui arrivait, les rues de Covent Garden étaient encore plus noires de monde que d'habitude. Et par conséquent, Bob recevait encore plus de gâteries et de cadeaux qu'en temps normal. Depuis le début, les passants adoraient offrir des petites marques d'affection à Bob.

La première, ça avait été la dame d'un certain âge qui travaillait dans un bureau non loin de James Street et qui s'arrêtait régulièrement pour parler. Elle avait eu un chat roux elle aussi, et Bob le lui rappelait.

Un soir, elle était venue, le sourire aux lèvres, et dans une main, un grand sac d'un magasin d'accessoires pour animaux.

— J'espère que ça ne vous dérange pas si j'offre un petit présent à Bob, a-t-elle dit.

— Bien sûr que non.

— Ce n'est pas grand-chose, a-t-elle ajouté en fouillant dans son sac pour en extirper une petite souris jouet.

— Elle a un peu d'herbe à chat dans le corps. Pas trop, ne vous en faites pas.

Je n'étais pas ravi à l'idée. L'herbe à chat crée une dépendance, j'avais lu tout un tas d'articles expliquant que ça peut rendre un chat complètement accro. J'avais déjà assez de mal pour décrocher, je ne voulais pas que Bob développe une mauvaise habitude comme celle-là.

Mais la dame était trop gentille pour que je la déçoive. Elle est restée un moment, ravie de voir Bob jouer avec la souris.

Comme le temps virait vraiment au moche, les gens se sont mis à donner à Bob des cadeaux plus pratiques.

Un jour, une ravissante jeune Russe est venue vers nous en souriant.

— J'espère que ça ne vous embarrassera pas, mais comme il commence à faire tellement froid, j'ai tricoté à Bob un petit quelque chose pour lui tenir chaud, a-t-elle dit en exhibant une belle écharpe bleu clair.

— Waouh ! me suis-je exclamé, stupéfait. C'est génial !

Je l'ai tout de suite enroulée autour du cou de Bob. Elle lui allait à la perfection et il était splendide avec. La jeune femme était aux anges. Elle est revenue une ou deux semaines plus tard avec un manteau assorti. Je n'étais pas un expert en matière de mode, comme il était facile de le constater en me regardant, mais même moi, j'ai vu combien Bob était beau dedans. Les gens se sont mis à faire la queue pour le photographier. J'aurais dû les faire payer, j'aurais gagné une fortune.

Et ensuite, au moins une dizaine de personnes, de femmes en fait, lui ont offert des tricots.

Une d'entre elles a même brodé le nom Bob dans la petite écharpe qu'elle avait confectionnée pour lui. Un jour, ça m'a frappé, Bob devenait un *top model*. Il mettait tous les jours en valeur un nouvel habit qu'une bonne âme avait cousu pour lui. Je comprenais mieux maintenant pourquoi, en anglais, un défilé de mode se dit *catwalk*.

Cela confirmait ce que j'avais déjà compris : je n'étais pas le seul à développer une profonde affection envers mon nouveau compagnon. Il semblait se lier d'amitié avec pratiquement tous ceux qu'il rencontrait. J'aurais beaucoup aimé posséder ce don moi-même : je n'avais jamais trouvé facile de me lier avec les gens.

Personne n'était tombé plus amoureux de Bob que mon ex-petite amie, Belle. Nous étions encore très proches, certainement meilleurs amis qu'amants, et il lui arrivait souvent de faire un saut à la maison. C'était en partie pour me voir et passer du temps avec moi, mais je savais bien que c'était aussi pour rendre visite à Bob.

Les deux pouvaient jouer ensemble pendant des heures sur le canapé. Bob l'adorait, ça se voyait.

Environ trois semaines avant Noël, elle est venue avec un grand sac en plastique et un sourire rayonnant.

— Qu'est-ce que tu apportes ? lui ai-je demandé, sentant qu'elle manigançait quelque chose.

— Ce n'est pas pour toi, c'est pour Bob, a-t-elle répondu, taquine.

Bob était assis à sa place favorite, sous le radiateur, mais s'est levé en entendant son nom.

— Bob, viens ici, j'ai une surprise pour toi ! a lancé Belle en s'installant sur le canapé avec son sac.

Il ne s'est pas fait prier, curieux de voir ce qu'elle lui réservait.

Belle sortit deux tee-shirts pour chats. Sur l'un d'eux, on voyait le dessin d'un très mignon matou. L'autre était rouge avec des bordures blanches et portait l'inscription, cousue en grosses lettres blanches, « Père Miaou » (*Santa Paws*), avec une empreinte de patte dessous.

— Waouh, c'est vraiment beau ! me suis-je écrié. Bob, tu ne trouves pas ? C'est le vêtement idéal à porter à Covent Garden à l'époque de Noël. Ça va plaire, tu verras les sourires sur les visages des passants !

Et c'est exactement ce qui s'est produit.

Je ne sais pas si c'était l'esprit de Noël ou simplement la tenue, mais l'effet a été prodigieux.

— Regarde, c'est le Père Miaou ! entendais-je toutes les cinq minutes.

Beaucoup de monde s'arrêtait pour jeter quelques pièces dans mon étui, mais d'autres préféraient donner des cadeaux à Bob.

Une fois, une dame particulièrement distinguée s'est arrêtée pour cajoler Bob.

— Il est merveilleux, a-t-elle dit. Qu'est-ce qui lui ferait plaisir pour Noël ?

— Je ne sais pas, madame, ai-je répondu.

— Bon, alors pour le formuler autrement, il a besoin de quoi ?

— Un harnais en plus, ça serait vraiment bien. Ou quelque chose qui lui tiendrait chaud quand les températures commenceront vraiment à chuter. Ou simplement des jouets. Les garçons aiment tous les jouets à Noël.

— Excellent, a-t-elle lancé en se relevant.

Je n'y ai plus repensé, mais une heure plus tard, la dame est revenue. Elle affichait un sourire radieux et brandissait une sorte de bas tricoté main avec des dessins de chat sur le devant. J'ai jeté un coup d'œil à l'intérieur pour constater qu'il était rempli de cadeaux : friandises, jouets et objets divers.

— Vous devez me promettre de ne pas l'ouvrir avant Noël, a-t-elle lancé. Gardez-le sous votre sapin jusqu'au matin de Noël, d'accord ?

Je n'ai pas eu le cœur de lui avouer que je ne pouvais pas me permettre un sapin et les décorations qui vont avec. Le mieux que j'avais pu organiser, c'était un sapin USB branché à ma vieille Xbox, que j'avais récemment déniché dans un magasin de charité.

Mais les jours qui ont suivi, j'ai pris une décision. Elle avait raison. Je devais me procurer un vrai arbre cette année, il fallait que je fête un heureux événement, j'avais Bob.

Je suppose que j'avais été désensibilisé à Noël parce que je n'en avais pas eu un seul de sympa depuis des lustres. J'étais une de ces personnes qui redoutent terriblement les fêtes.

Durant les dix années précédentes, je les avais passées dans des endroits comme Shelter, où un grand déjeuner était organisé pour les sans-abri. C'était organisé avec beaucoup de cœur et de bonnes intentions et il m'est même arrivé de bien m'amuser, mais ça me rappelait trop ce que je n'avais pas : un foyer normal. Ça me rappelait trop que j'avais raté ma vie.

Une ou deux fois, j'ai passé les fêtes seul, essayant d'oublier que ma famille était à l'autre bout du monde.

Enfin, la plus grande partie. À quelques occasions, j'avais passé Noël chez mon père. Après être sorti des radars pendant un an, quand j'avais atterri dans la rue, j'ai repris contact avec lui. Je l'appelais de temps en temps et il m'avait invité dans sa maison du sud de Londres. Mais ça n'avait pas été des rencontres très agréables. Il n'avait pas une très bonne opinion de moi. Pas étonnant : je n'étais pas exactement le fils dont un père peut être fier.

J'avais apprécié le repas, les quelques verres et surtout la compagnie, mais ça n'avait pas été un franc succès et nous n'avons pas renouvelé l'expérience.

Cette année, en revanche, c'était différent. J'ai invité Belle à boire un verre la veille de Noël, et le jour même, j'ai investi dans une poitrine de dinde toute prête avec garniture et compagnie. Je n'étais pas très fort en cuisine et de toute façon, je n'avais pas l'équipement. J'ai acheté à Bob de délicieuses friandises pour accompagner son plat préféré au poulet.

Le matin de Noël, nous nous sommes levés assez tôt et sommes allés nous balader pour que Bob puisse se soulager. Plusieurs familles de l'immeuble étaient déjà dans la rue pour rendre visite à des amis ou des parents. Nous échangions tous des sourires et des « joyeux Noël ». Ce genre d'interaction était déjà bien plus que ce que j'avais connu depuis un sacré bout de temps.

De retour dans l'appartement, j'ai donné à Bob son bas. Il l'avait repéré depuis des jours et apparemment, il avait deviné que c'était pour lui. J'en ai vidé le contenu petit à petit pour trouver des friandises, des jouets, des balles, et de petits objets avec de l'herbe à chat. Il a adoré et a vite commencé à jouer avec ses nouveaux joujoux, comme un enfant excité qui découvre ses cadeaux de Noël. C'était vraiment craquant.

J'ai préparé notre déjeuner au début de l'après-midi, et je nous ai tous les deux coiffés d'une casquette pour qu'on regarde la télé le reste de la journée et de la soirée, avec une bonne canette de bière. Mon meilleur Noël depuis des décennies.

# 11.

## Erreur d'identité

Pendant le printemps et l'été 2008, être un musicien des rues à Londres était devenu très difficile, presque impossible par moments.

Pour plusieurs raisons. Je sais qu'on a tendance à penser que l'économie n'affecte pas les gens qui vivent et travaillent dans les rues, mais c'est entièrement faux. La récession, qui à cette époque ne faisait que se confirmer, nous avait frappés, moi et les gens dans ma situation, de façon très rude. Le type sympa qui n'hésitait pas à jeter une ou deux pièces dans mon étui de guitare s'accrochait désormais à son argent. Un ou deux de nos réguliers me l'ont même avoué : ils m'ont dit qu'ils avaient peur de perdre leur boulot. Par conséquent, je devais allonger mes heures de récital pour en fait gagner moins d'argent, afin de subvenir à nos besoins, à Bob et à moi.

Ça, je pouvais m'en accommoder, mais le plus grand problème, c'est que les autorités ont commencé à s'en prendre méchamment aux artistes des rues qui ne se produisaient pas dans leur zone attribuée. Je ne sais pas vraiment pourquoi on avait décidé de sévir ainsi, surtout à ce moment-là, mais en tout cas, ce qui était sûr, c'est que ça empoisonnait ma vie.

La plupart des gardiens du couvent s'étaient toujours montrés raisonnables. J'avais eu des soucis avec les plus agressifs, mais en général, ils ne m'embêtaient pas trop. À présent, ils confisquaient des choses s'ils avaient l'impression qu'on ne les prenait pas au sérieux. Je ne pense pas qu'ils avaient de nouvelles attributions, ils avaient juste reçu l'ordre d'agir avec plus de conviction.

J'avais aussi repéré de nouveaux visages parmi eux. Un des plus coriaces avait même menacé de me confisquer ma guitare si je n'obtempérais pas. J'avais réussi à m'en tirer en lui promettant de jouer dans ma zone, ou même de dégager du quartier. J'avais alors filé pendant une demi-heure pour revenir ensuite à James Street.

C'était devenu un vrai jeu de cache-cache, mais je fus bientôt à court de cachettes. Les nouveaux gardiens avaient l'air de deviner où j'allais. Tous les jours, ils m'obligeaient à me déplacer à un moment ou un autre de la journée. Vraiment usant. Au fond de moi, je me disais que ma carrière de musicien des rues touchait à sa fin. La goutte d'eau qui a fait déborder le vase a coulé un après-midi du mois de mai de cette année-là.

Les employés de la station de métro de Covent Garden n'arrangeaient rien. Les mauvaises ondes qu'ils m'envoyaient devenaient de plus en plus insupportables. Je ne sais pas pourquoi, mais ça les dérangeait que je joue là. Plusieurs contrôleurs m'abordaient régulièrement pour me balancer des insultes.

Ça aussi, je pouvais le supporter. J'avais l'habitude. Mais manifestement, ils s'étaient réunis pour parler de moi et avaient monté une campagne contre moi.

Le plus souvent possible, ils appelaient la police des transports, qui venait me harceler. Comme si j'avais besoin de ça. J'avais appris à m'en défaire comme de tous les autres : je remballais mes affaires et filais en promettant de ne plus jamais user leur trottoir, et, une fois la voie libre, je revenais à ma place. Je ne voyais aucun mal à ma façon d'agir. Je ne faisais de mal à personne, non ?

Tout ça a changé un après-midi.

Je me rendais à Covent Garden comme tous les jours, avec Bob. Je logeais un ami à cette époque, un certain Dylan, que j'avais connu quand je jouais dans le groupe. Il avait été jeté hors de son ancien appartement parce qu'il avait refusé de payer le nouveau loyer exorbitant fixé par un propriétaire peu scrupuleux. Il dormait à présent sur mon canapé.

Bob n'avait pas beaucoup apprécié l'arrivée de Dylan. Je pense qu'il avait peur de perdre mon affection. Mais dès qu'il a compris que Dylan aussi adorait les animaux, et a découvert qu'il n'allait recevoir que plus d'attention encore, il l'a accepté sans problème. Bob était un gros consommateur d'attention.

Cet après-midi-là, Dylan a décidé qu'il voulait nous accompagner au centre-ville et se balader à Covent Garden. C'était une splendide journée ensoleillée et il voulait en profiter. Il jouait avec Bob pendant que je m'installais dans le coin de James Street. Maintenant que j'y pense, c'était une chance incroyable qu'il se soit trouvé là, avec nous.

J'avais à peine passé la bandoulière de ma guitare sur mon épaule qu'un camion de la police des transports britannique a déboulé à toute allure pour s'arrêter sur le trottoir. Trois officiers en ont jailli pour se précipiter vers moi.

— C'est quoi le problème ? a demandé Dylan.

— Je sais pas. Comme d'hab, j'imagine, ai-je répondu, m'attendant à devoir répéter mes promesses quasi quotidiennes de dégager.

Je me trompais.

— Eh toi, tu viens avec nous ! a lancé un des officiers, en me montrant du doigt.

— Pour quelle raison ? me suis-je enquis.

— On t'arrête pour suspicion de comportement menaçant.

— Quoi ? Je menace qui ? Je ne sais pas de quoi…

Avant que je puisse finir ma phrase, ils m'ont agrippé. Alors que l'un d'eux me lisait mes droits, un autre me passait les menottes.

— On t'expliquera tout ça au poste. Allez, ramasse ton bordel et entre dans le véhicule avant de faire encore empirer ta situation.

— Et mon chat ? ai-je demandé en montrant Bob.

— On a des cages pour chiens au commissariat, on l'y collera, a proposé un des policiers. À moins que quelqu'un puisse le prendre.

Ma tête tournait comme dans un manège. Je ne comprenais rien à ce qui se passait. Mais soudain, du coin de l'œil, j'ai aperçu Dylan. Il semblait penaud et ne voulait pas être mêlé à tout ça.

— Dylan, tu veux bien t'occuper de Bob pour moi ? l'ai-je prié. Ramène-le à l'appartement. Les clés sont dans mon sac à dos.

Il a hoché la tête en s'avançant vers Bob. Je l'ai vu le prendre dans ses bras et ça m'a rassuré. Je voyais bien les yeux apeurés de mon chat. Ce qui m'arrivait le terrorisait. Par la vitre brouillée à l'arrière de la camionnette, je regardais les silhouettes de Dylan et de Bob disparaître sur le trottoir.

Nous avons roulé jusqu'au commissariat de la police des transports. Je n'avais toujours pas la moindre idée de ce qui se passait.

Je me suis retrouvé devant un bureau où un officier m'a demandé de vider mes poches et de répondre à toutes sortes de questions. Ensuite, j'ai été conduit dans une cellule où j'étais supposé attendre qu'un autre policier vienne me chercher. Alors que je m'asseyais dans la cellule vide, les murs couverts de graffiti et le sol dégageant une odeur d'urine, des souvenirs affligeants me sont revenus à l'esprit.

J'avais déjà eu des démêlés avec la police, en général pour des petits vols.

Quand vous êtes à la rue ou que vous êtes drogué, vous essayez par tous les moyens de vous faire de l'argent facile. Et pour être honnête, je ne connais rien de plus facile que le vol à l'étalage. Je chapardais surtout de la viande, du gigot d'agneau et des steaks. La viande la plus chère que je pouvais trouver. Jamais du poulet, c'est trop bon marché. Ce que je volais, c'était le plus cher et la meilleure qualité. On arrive à obtenir la moitié du prix de vente si on va dans un pub. Les pubs sont très contents de vous racheter de la viande volée. Tout le monde le sait.

La première fois que je l'ai fait pour me payer ma came, c'était en 2001 ou 2002, par là. Avant ça, je mendiais. Et avant *ça*, j'étais sous méthadone, bien sûr. J'avais décroché, mais j'avais ensuite replongé, et très bas, parce que ça n'allait pas du tout. J'avais été déplacé dans un logement sordide où tout le monde se droguait et je n'avais pas eu la force de résister.

Je me souviens encore de la première fois que je me

suis fait arrêter. C'était dans le Marks and Spencer de Angel, sur Islington. Je m'habillais élégamment et je m'attachais les cheveux, une sorte de facteur après sa tournée quotidienne, qui s'arrête dans un magasin pour acheter un litre de lait en rentrant chez lui. Tout est une question d'apparence, il faut être futé. Si j'étais entré avec un sac à dos ou un sac de provisions, je n'aurais pas eu la moindre chance. Je transportais une besace de la poste britannique, la Royal Mail. C'est différent de nos jours, mais à l'époque, personne ne faisait attention à vous si vous aviez un sac pareil sur les épaules.

En tout cas, un jour on m'a interpellé. Je devais avoir sur moi dans les cent vingt livres de viande.

J'ai été amené au poste. J'ai dû payer sur-le-champ une amende de huit livres pour vol. J'ai eu de la chance de ne pas écoper de plus, mais c'était ma première fois.

Bien sûr, ça ne m'a pas empêché de recommencer. J'étais accro, il me fallait de l'argent. Je consommais de l'héroïne et occasionnellement du crack. Il faut bien prendre le risque. Pas le choix.

Quand vous vous faites attraper, ça craint. Mais il faut l'accepter. Bien sûr, vous restez là comme un con à pleurer sur votre sort, mais vous ne pouvez pas lutter contre la loi.

Vous essayez de vous en sortir, vous mentez, mais on ne vous croit pas. On ne vous croit jamais complètement. C'est un cercle vicieux, quand vous êtes au trente-sixième dessous.

C'est pour cela que jouer dans la rue avait été tellement bien pour moi. Ça m'avait permis de me maintenir. Mais là, j'étais de nouveau en taule. J'avais l'impression de recevoir un violent coup de pied en plein ventre.

Je poireautais dans la cellule depuis une demi-heure environ quand la porte s'est ouverte dans un bruit métallique et un officier en chemise blanche est apparu.

— Venez, a-t-il lancé.

— Où est-ce que vous m'emmenez ?

— Vous verrez.

J'ai été conduit dans une salle vide avec quelques chaises en plastique et une table.

Deux policiers étaient assis en face de moi. Ils avaient l'air assez las, pour être honnête. Mais l'un d'eux commença à m'interroger.

— Où étiez-vous hier soir vers 18 h 30 ?

— Euh… Je jouais sur Covent Garden.

— Où ça ?

— À l'angle de James Street, en face de la station de métro, ai-je répondu, ce qui était la pure vérité.

— Est-ce que vous êtes entré dans la station à un moment donné ce soir-là ?

— Non, je n'y entre jamais. Je prends le bus.

— Alors comment expliquez-vous que nous ayons au moins deux témoins qui affirment vous y avoir vu insulter une contrôleuse et cracher sur elle ?

— Aucune idée, ai-je balbutié, sidéré.

— Ils vous ont vu remonter du métro par l'escalator et passer le tourniquet sans ticket.

— Ça ne peut pas être moi, je vous le répète.

— Quand vous avez été interpellé, vous avez verbalement agressé une contrôleuse.

Je restais assis là, à secouer la tête. J'hallucinais.

— On vous a ensuite conduit jusqu'au guichet pour que vous achetiez un ticket, a-t-il continué. Quand vous l'avez fait, sous la contrainte, vous avez craché sur la vitre.

C'en était trop, j'ai perdu mon sang-froid.

— Écoutez, c'est n'importe quoi. Je ne suis pas entré dans la station hier soir. Je n'y mets jamais les pieds. Et je ne prends jamais le métro. Mon chat et moi, on ne circule qu'en bus.

Ils se sont contentés de me regarder comme si je venais de prononcer le plus gros mensonge du monde.

Ils m'ont demandé si je voulais rédiger une déposition. Et c'est ce que j'ai fait, expliquant que j'avais joué toute la soirée. Je savais que les caméras de surveillance confirmeraient ma version. Mais je ne pouvais stopper les pensées paranoïaques qui me traversaient l'esprit.

Et si c'était un coup monté ? Et s'ils avaient trafiqué les enregistrements ? Et si je passais devant un juge et que c'était ma parole contre celle de trois ou quatre bons citoyens britanniques et des contrôleurs de métro ?

Et pire que tout : j'angoissais ferme pour Bob. Qui allait s'occuper de lui ? Est-ce qu'il resterait où il était ou est-ce qu'il préférerait retourner dans la rue ? Et qu'est-ce qui lui arriverait alors ? Tout cela me donnait le tournis.

On m'a gardé en détention pendant encore deux ou trois heures. Après un moment, j'ai perdu toute notion du temps. Aucune lumière naturelle n'éclairait la cellule dans laquelle je me trouvais, et je n'avais par conséquent aucun moyen de savoir si on était le jour ou la nuit. À un moment, une policière est venue, avec un officier bourru sur les talons.

— Il faut qu'on pratique un test ADN, a-t-elle lancé alors que le gars se postait dans un coin de la cellule, les bras croisés et le regard mauvais.

— D'accord, ai-je acquiescé en faisant semblant de ne pas le voir.

Je me disais que je n'avais rien à perdre.

— Qu'est-ce qu'il faut que je fasse ? ai-je demandé à la femme.

— Asseyez-vous là et je vais prélever un peu de votre salive.

Elle a sorti un petit kit, avec des tas de tampons et de tubes.

Soudain, j'ai eu l'impression d'être chez le dentiste.

— Ouvrez grand, m'a-t-elle prié.

Elle m'a ensuite enfoncé un Coton-tige dans la bouche et l'a frotté contre ma joue.

— C'est fait, a-t-elle conclu en mettant l'échantillon dans un tube et en remballant son matériel.

En fin de compte, on m'a fait sortir de la cellule et on m'a ramené devant le bureau, à l'entrée du commissariat, où j'ai signé un document pour récupérer mes affaires. Il fallait que j'accepte de n'être libéré que sous caution et que je revienne quelques jours plus tard.

— Quand est-ce que je saurai si je suis officiellement inculpé ? ai-je demandé à l'employé de l'accueil, conscient qu'il n'en savait sans doute rien.

À ma grande surprise, il m'a répondu que je le saurais sûrement quand je reviendrais deux jours plus tard.

— Vraiment ? me suis-je étonné.

— Très probablement.

C'était bien et mal, ai-je tout de suite pensé. Bien parce que le suspense ne durerait pas pendant des mois, mal parce que si j'étais finalement inculpé, je pourrais me retrouver bouclé pour un moment.

Cette perspective ne me réjouissait pas du tout.

Après avoir enfin été libéré, je suis sorti dans les rues derrière Warren Street, dans la nuit noire. Des petits groupes de SDF se rassemblaient déjà pour passer la nuit ensemble, se cachant dans les allées.

Il était près de 11 heures. Quand je suis retourné à côté de la station Seven Sisters, il n'était pas loin de minuit et les rues étaient infestées de soûlards et de gens qui se faisaient chasser des pubs.

J'ai soufflé quand je suis entré dans mon appartement.

Dylan regardait la télévision avec Bob, recroquevillé à sa place habituelle, sous le radiateur. Dès que j'ai ouvert la porte, il a bondi vers moi et a frotté sa tête contre ma jambe sans me quitter du regard.

— Salut, mon gars, comment tu vas ? ai-je demandé en m'accroupissant pour le caresser.

Il a aussitôt mis les pattes de devant sur mes genoux et s'est encore frotté contre moi.

Dylan avait filé dans la cuisine, mais il en est rapidement ressorti avec une bière fraîche.

— Tu me sauves la vie, merci ! ai-je lancé en ouvrant la canette pour prendre une grande gorgée.

Je suis resté quelques heures à discuter avec Dylan de ce qui m'était arrivé pour essayer de comprendre. Je savais que les contrôleurs du métro à Covent Garden ne m'aimaient pas, mais je ne pensais pas qu'ils seraient allés jusqu'à monter un coup pareil pour me piéger.

— Il est impossible qu'ils arrivent à trouver une correspondance avec ton ADN, mec, m'a rassuré Dylan.

J'aurais bien aimé en être aussi sûr.

J'ai dormi d'un sommeil agité ce soir-là. L'épisode m'avait complètement secoué. J'avais beau essayer de me convaincre que tout irait bien, je ne pouvais effacer de mon esprit l'idée que ma vie pourrait prendre une tournure catastrophique. Je me sentais impuissant, furieux, et vraiment terrifié.

J'ai décidé d'oublier Covent Garden le lendemain. Avec Bob, on a joué autour de Neal Street et à un ou deux autres endroits vers Tottenham Court Road. Mais mon cœur n'y était pas. Je me faisais trop de souci pour ce qui pourrait m'arriver quand je me rendrais à la police le jour suivant. Cette nuit-là encore, je n'ai pas beaucoup dormi.

Je devais me présenter au commissariat en milieu d'après-midi, mais je suis parti tôt pour être sûr d'arriver à l'heure : je ne voulais pas leur offrir de raisons de m'inculper. J'ai laissé Bob à la maison, juste au cas où on me garderait pendant des heures. Il avait ressenti mon anxiété quand j'avais arpenté l'appartement en mangeant mon toast pendant le petit déjeuner.

— T'en fais pas, mon gars, je reviens tout de suite, l'ai-je rassuré.

Si seulement j'avais été aussi confiant que je voulais le laisser paraître.

J'ai mis un moment à trouver le poste de police, caché dans une petite rue à l'écart de Tottenham Court Road. J'étais arrivé là à l'arrière d'une camionnette et j'en étais sorti, en pleine nuit, du coup, rien d'étonnant à ce que j'aie du mal à resituer l'endroit.

Quand j'y suis enfin parvenu, j'ai dû attendre pendant vingt minutes, et tout ce temps, je n'ai réussi à me concentrer sur strictement rien. J'ai ensuite été convoqué dans une pièce où deux policiers m'ont reçu ; un homme et une femme.

Ils avaient des dossiers devant eux, qui me semblaient menaçants. Je me demandais ce qu'ils avaient déniché sur mon passé. Dieu sait quel cadavre se cachait dans ce placard.

L'homme a pris la parole en premier. Il a dit que je n'allais pas être inculpé pour intimidation. Pas vraiment étonnant.

— L'ADN ne correspondait pas à la salive sur la vitre, n'est-ce pas ? ai-je demandé, me sentant tout à coup ragaillardi par la nouvelle.

Il m'a toisé, la bouche pincée. Il ne pouvait rien dire, je le savais. Mais ce n'était pas la peine. Quelqu'un, à la station, avait essayé de me piéger, mais il n'avait pas réussi. Pas de chance pour lui.

Voilà pour la bonne nouvelle, mais la mauvaise n'a pas tardé à tomber.

La femme m'a annoncé que j'étais inculpé pour avoir joué de façon illégale dans la rue, ou pour mendicité, pour employer le terme juridique.

Ils ont brandi une feuille de papier devant mon nez et m'ont dit que j'étais assigné à comparaître au tribunal une semaine plus tard.

J'ai quitté le commissariat soulagé. La mendicité est un délit relativement léger, en tout cas comparé à l'intimidation. Si j'avais de la chance, je pourrais m'en tirer avec une petite amende et une tape sur les doigts, rien de plus.

Intimidation aurait été totalement différent, bien sûr. La punition aurait été bien plus importante, peut-être même la prison. Je m'en sortais à bon compte.

D'un côté, je voulais me battre contre l'injustice de la situation. La description du type qui avait craché n'était pas la mienne. Je me disais que je pourrais porter plainte pour arrestation abusive.

Mais pour être honnête, ce que j'éprouvais avant tout en rentrant chez moi cet après-midi était du soulagement, et le sentiment que j'avais franchi un nouveau cap. Même si je ne savais pas trop lequel.

Il fallait encore que j'affronte l'épreuve du tribunal. Je suis allé au bureau d'aide sociale et juridique du quartier pour prendre quelques conseils légaux. J'aurais dû sans doute le faire depuis longtemps, mais j'avais été trop perturbé pour y penser.

Il s'est trouvé que, parce que j'étais un ancien toxicomane en cours de programme de réhabilitation, et que je vivais dans un logement social, j'avais le droit de recevoir une aide juridique. Mais en vérité, je ne pensais pas avoir besoin d'un avocat pour me représenter devant le juge, alors je me suis contenté de rassembler quelques informations sur ce que je devais dire.

Plutôt carré. Je devais simplement reconnaître que j'étais coupable d'avoir joué dans la rue, illégalement, purement et simplement. Il fallait que je suive le mouvement, que j'avoue et que je prie pour me retrouver face à une cour clémente qui n'avait pas en horreur les musiciens de rue.

Le jour venu, j'ai enfilé une chemise propre (sur un tee-shirt qui portait les mots « extrêmement mécontent ») et je me suis rasé avant de partir au tribunal. La salle d'attente regorgeait d'une population hétéroclite, depuis la grosse brute au crâne rasé et à l'accent de l'Europe de l'Est aux jeunes en costumes gris, accusés d'excès de vitesse.

— James Bowen. La cour appelle monsieur James Bowen, a lancé une voix empruntée.

J'ai pris une profonde inspiration et je l'ai suivie.

Les magistrats m'ont regardé comme si je n'étais qu'un rebut de l'humanité. Mais sous couvert de la loi, ils ne pouvaient pas me faire grand-chose, surtout parce que c'était ma première accusation pour un tel délit.

J'ai écopé d'une libération conditionnelle de trois mois. Et pas d'amende.

Mais ils ont spécifié très clairement que si j'étais de nouveau attrapé, je n'échapperais pas à une sanction sévère.

Belle et Bob m'attendaient devant le tribunal après l'audience. Bob a tout de suite sauté de ses genoux pour venir vers moi. Il ne voulait pas se montrer trop mélodramatique, mais il était clair qu'il était content de me voir.

— Comment ça s'est passé ? a demandé Belle.

— Libération conditionnelle de trois mois, mais si je retourne jouer dans la rue, ça pourrait me coûter cher.

— Alors qu'est-ce que tu vas faire ?

Je l'ai regardée, puis j'ai baissé les yeux vers Bob. La réponse devait se lire sur mon visage.

J'étais arrivé au bout du chemin. J'avais joué dans la rue pendant près de dix ans. Les temps avaient changé, et ma vie aussi, surtout depuis que j'avais Bob. Par conséquent, il me paraissait de plus en plus évident que je ne pouvais continuer ainsi, ça n'avait plus aucun sens. Parfois, ça ne me rapportait même pas assez pour finir le mois. Parfois, ça nous mettait, moi et surtout Bob, dans des situations périlleuses. Et maintenant, une épée de Damoclès pendait au-dessus de ma tête. Je ne voulais pas finir en prison, ça n'en valait pas la peine.

— Je ne sais pas ce que je vais faire, Belle. Mais ce que je sais, c'est que je ne vais pas continuer à jouer dans la rue.

# 12.

# Numéro 683

J'avais la tête qui tournait plusieurs jours après ma convocation au tribunal. Mes émotions s'emmêlaient.

Une partie de moi enrageait encore de l'injustice que j'avais subie. J'avais le sentiment qu'on me retirait mes moyens de subsistance simplement parce que certaines personnes ne pouvaient pas me supporter. Mais une autre partie de moi commençait à se dire que c'était une bénédiction camouflée.

Au fond de moi, je savais que je ne pourrais pas jouer dans la rue toute ma vie. Il aurait été absurde que je finisse mes jours en chantant du Johnny Cash ou du Oasis sur les trottoirs. Je n'allais pas trouver la force de devenir complètement *clean* simplement grâce à ma guitare. Je prenais conscience que j'étais à un tournant de mon existence, que j'avais une occasion de reléguer le passé derrière moi. J'avais déjà connu cela, mais pour la première fois depuis des années, je me sentais fin prêt.

En théorie, c'était bien beau, mais les faits ne trompaient pas : mes options étaient très limitées. Comment est-ce que j'allais pouvoir gagner de l'argent, maintenant ? Personne ne voudrait me donner de travail.

Pas parce que j'étais stupide, je le savais bien. Grâce aux petits boulots en télécommunication que j'avais faits, adolescent, en Australie, je m'y connaissais plutôt bien en ordinateurs. Je passais le plus de temps possible sur les portables de mes amis ou sur les ordinateurs en libre usage de la bibliothèque, et j'avais appris par moi-même énormément sur le sujet. Mais je n'avais ni références ni expérience significative en Angleterre sur laquelle m'appuyer, et quand un employeur potentiel me demandait où j'avais passé les dix dernières années, je ne pouvais pas vraiment prétendre que j'avais travaillé pour Google ou Microsoft. Alors ça, il fallait que j'oublie.

Même pas la peine de postuler pour un stage en informatique parce que personne ne m'accepterait. Officiellement, je suivais toujours un programme de désintoxication. Je vivais dans un logement social et je n'avais aucun diplôme. On ne voudrait sans doute, et ne pourrait de toute façon pas me prendre. En fin de compte, pour la recherche d'un emploi normal, je n'étais rien. Quoi que normal veuille dire.

Je suis vite arrivé à la conclusion qu'une seule solution s'offrait à moi. Je n'avais pas le luxe d'attendre, il fallait que je gagne de l'argent pour Bob et moi. Et donc, quelques jours après l'audience, je suis parti avec Bob à Covent Garden, pour la première fois depuis des années sans ma guitare sur le dos. Quand je suis arrivé sur la place, je me suis tout de suite rendu à l'endroit où je savais que je trouverais sûrement une fille prénommée Sam, la coordinatrice du *Big Issue* du coin.

J'avais déjà essayé de vendre le *Big Issue*, en 1998 et 1999, quand j'ai atterri pour la première fois dans la rue. Je me suis fait accréditer et j'ai travaillé autour de Charing Cross et de Trafalgar Square. Ça n'avait pas marché. Je n'avais pas tenu plus d'un an, avant de lâcher.

Je me souvenais encore de la difficulté.

Quand je vendais le *Big Issue*, un nombre impressionnant de gens m'accostait pour m'inciter à trouver un vrai travail. Ça me rendait vraiment fou. Ils ne se rendaient pas compte que je faisais mon travail. En fait, vendre le *Big Issue* signifiait même qu'on gérait sa propre entreprise. Quand je vendais le magazine, je devais calculer les frais généraux, je devais acheter des exemplaires. Du coup, tous les jours, quand je me rendais au bureau du coordinateur, il fallait que j'aie au moins quelques livres pour me procurer des numéros. Voilà une formule aussi vraie pour les vendeurs du *Big Issue* que pour les autres : faut avoir de l'argent pour se faire de l'argent.

Je me souviens encore de certains jours lugubres et particulièrement déprimants où je restais assis dans un coin de rue humide et venteux, à essayer de charmer les Londoniens pour qu'ils déboursent leur argent pour un magazine. C'était vraiment dur, surtout qu'à cette époque, j'étais encore sous l'emprise de la drogue. Tout ce que rapportaient mes efforts était en général une salve d'insultes ou un coup de pied dans les côtes.

Le plus dur avait été ce sentiment d'être invisible. La plupart des gens ne prenaient même pas la peine de tourner la tête, ils cherchaient avant tout à m'éviter. C'est pour cela que j'avais opté pour les récitals de rue. Au moins, là, j'avais ma musique pour attirer les gens et leur faire comprendre que j'étais un être de chair et de sang. Et pourtant, on m'ignorait encore largement.

Je n'aurais pas considéré l'option de recommencer à vendre le *Big Issue* sans Bob. La façon dont il avait transformé ma chance, et mon état d'esprit dans la rue, était hallucinante. Si je réussissais autant en vendant des magazines que ça avait été le cas avec la chanson, peut-être que je pourrais vraiment progresser. Bien sûr, il restait un problème de taille : il fallait encore qu'on m'accepte.

J'ai trouvé Sam à l'endroit où se réunissaient les vendeurs du *Big Issue* pour acheter des exemplaires, dans une petite rue, un peu à l'écart de la place principale. Quelques vendeurs se pressaient déjà autour d'elle. Que des hommes. J'ai reconnu un ou deux visages. L'un d'eux s'appelait Steve, et je savais que c'était un des moteurs du magazine. Je l'avais vu dans le coin, distribuant le journal le lundi, jour de sa sortie.

Nous avions noté la présence l'un de l'autre à plusieurs reprises sur Covent Garden et nous étions tous deux un peu méfiants. J'avais la nette impression qu'il n'était pas ravi de me voir, mais je m'en fichais bien. Je n'étais pas venu pour lui, c'était à Sam qu'il fallait que je parle.

— Salut, tu ne chantes pas aujourd'hui ? a-t-elle demandé, nous reconnaissant, Bob et moi.

Elle lui a gentiment caressé la tête.

— Non, faut que j'arrête. J'ai eu des ennuis avec les flics. S'ils m'attrapent à jouer illégalement encore une fois, je serai vraiment dans le pétrin. Je peux pas prendre le risque maintenant que j'ai Bob avec moi. Faut bien que je m'occupe du petit gars, hein ? ai-je lancé en direction de mon chat.

— OK, a enchaîné Sam, son visage indiquant clairement qu'elle s'attendait à ce qui allait suivre.

— Donc, ai-je commencé en me balançant sur les talons, je me demandais…

Sam a souri et m'a interrompu.

— Eh bien, ça va dépendre de si tu corresponds aux critères.

— Oh oui, bien sûr que j'y corresponds, ai-je assuré, sachant que, vu ma situation, j'étais le candidat type.

— Mais il va falloir que tu remplisses toute la paperasserie nécessaire et que tu ailles à Vauxhall pour t'inscrire.

— OK.

— Tu sais où sont les bureaux ? m'a-t-elle demandé en cherchant une carte.

— Pas sûr.

En fait, j'étais sûr que les bureaux se trouvaient ailleurs quand j'avais signé pour la première fois.

— Prends le bus vers Vauxhall et descends au niveau de la station de métro. C'est en face de l'arrêt, pas loin de la Tamise, dans la rue à sens unique. Une fois que tu auras ton badge, reviens ici et tu pourras commencer.

J'ai pris la carte et je suis rentré à la maison avec Bob.

— Vaut mieux qu'on s'organise, Bob. On doit se préparer à un entretien d'embauche.

Il fallait que je fasse le tri dans mes papiers avant de me rendre au bureau du *Big Issue*, et donc le lendemain, je suis allé voir mon assistante sociale chargée du logement. De toute façon, il fallait que je la rencontre régulièrement. Je lui ai exposé ma situation et ce qui s'était passé avec la police des transports. Elle m'a volontiers rédigé une lettre attestant que j'occupais un hébergement pour personnes vulnérables et que vendre le *Big Issue* serait un bon moyen pour moi de me remettre sur les rails.

Le lendemain, je me suis habillé le plus convenablement possible avec une chemise propre, je me suis attaché les cheveux, et je suis parti à Vauhxall avec tous les documents nécessaires.

J'ai aussi pris Bob avec moi. Je me disais qu'il m'aiderait à vendre des magazines comme il m'avait aidé à gagner de l'argent quand je chantais. On allait faire équipe, alors il fallait que je l'enregistre aussi, si c'était envisageable.

Les bureaux du *Big Issue* se situaient dans un immeuble quelconque au sud de la Tamise, près de Vauxhall Bridge et du MI6, les services secrets britanniques.

Une grosse pancarte « Interdit aux chiens » a été la première chose que j'ai remarquée dans le hall de réception. Sans doute qu'auparavant, on autorisait les chiens, mais qu'on avait été obligé de les refuser à cause des combats qui avaient éclaté entre les molosses. Aucune précision pour les chats.

Comme j'avais rempli quelques formulaires, on m'a dit de m'asseoir pour attendre. Après quelques minutes, on m'a appelé pour un entretien avec un type dans un des bureaux. C'était un gars sympa et nous avons discuté un moment. Il avait lui-même vécu dans la rue, des années plus tôt, et le *Big Issue* lui avait servi de tremplin pour retrouver une vie décente.

Je lui ai raconté ma situation. Il semblait compatissant.

— Je sais comment c'est, James, croyez-moi.

Il n'a pas fallu très longtemps pour qu'il me donne le feu vert et me dise d'aller chercher mon badge dans un autre bureau.

Je devais me faire prendre en photo et attendre d'obtenir un badge avec mon numéro de vendeur. J'ai demandé à l'employé chargé de les délivrer si Bob pouvait aussi avoir un numéro.

— Désolé, a-t-il dit en secouant la tête. Les animaux ne peuvent pas avoir leur propre immatriculation. On l'a déjà fait avant pour les chiens, mais jamais pour les chats.

— Et on ne peut pas le photographier avec moi ? ai-je demandé.

Il a affiché une grimace perplexe. Mais au bout du compte, il a cédé.

— Ça marche.

— Souris, Bob, ai-je dit en m'asseyant devant l'objectif.

En attendant l'impression de la photo, il a terminé le dossier. Quand vous devenez vendeur du *Big Issue*, on vous attribue un numéro au hasard. Ils ne sont pas sortis en séquence. Si ça avait été le cas, ils compteraient désormais plus de quatre ou cinq chiffres, tant les vendeurs du *Big Issue* se relayent pour souvent disparaître dans la nature. Du coup, quand quelqu'un ne se présente plus pendant un moment, son numéro ressort. Il n'existe pas d'autre choix.

Après une attente d'un quart d'heure environ, le type est revenu à son comptoir.

— Voici, monsieur Bowen, m'a-t-il dit en me tendant le badge.

Je n'ai pas pu m'empêcher de sourire à pleines dents en voyant la photo. Bob était à ma gauche. Une fine équipe. Les vendeurs du *Big Issue*, numéro 683.

La route de retour jusqu'à Tottenham était longue, avec deux bus. Alors j'ai passé l'heure et demie que nous avons mise pour rentrer à lire le petit prospectus qu'on m'avait donné. J'avais lu le même genre de documentation, des années plus tôt, mais je n'avais rien retenu. Pour être honnête, j'avais un peu pris tout cela par-dessus la jambe. Je planais la plupart du temps. Mais cette fois, j'étais décidé à me montrer plus sérieux.

Ça commençait avec la philosophie principale du magazine.

« Le *Big Issue* a été créé pour offrir aux sans-abri et aux personnes vulnérables en logement social la possibilité de gagner un salaire légitime en vendant un magazine au grand public. Nous croyons en un coup de pouce, pas en la charité. Ce que nous voulons, c'est permettre à chacun de prendre sa vie en charge. »

« C'est exactement ce que je recherchais, me suis-je dit, un coup de pouce. Et cette fois, je l'accepterais. »

Le passage suivant expliquait qu'il fallait que je « traverse un processus d'initiation » et que j'« adhère à un code de conduite ». Traduction : il fallait que je commence par une période d'essai, au cours de laquelle mes performances en tant que vendeur seraient surveillées et évaluées par les responsables.

Si ça se passait bien, je deviendrais un vendeur régulier. J'allais aussi recevoir dix exemplaires gratuits pour commencer. Ensuite, il était clair qu'à partir de là, ça ne dépendait plus que de moi. « Une fois qu'ils ont vendu ces magazines, ils peuvent acheter d'autres exemplaires pour une livre et les revendre pour deux, réalisant un bénéfice d'une livre par magazine vendu. »

Le règlement continuait, expliquant que les vendeurs étaient les employés du *Big Issue*. « Nous ne les remboursons pas pour les magazines invendus, et par conséquent chaque vendeur doit gérer ses achats et ses finances soigneusement. Ces compétences, au même titre que la confiance et l'estime de soi qu'elles procurent, sont essentielles pour aider les sans-abri à réintégrer la société. »

Simple comme bonjour. Mais en fait beaucoup plus complexe, comme je l'ai découvert par la suite.

Le lendemain matin, je suis retourné à Covent Garden pour rencontrer Sam, la coordinatrice. J'étais pressé de recevoir mon « initiation ».

— Tout s'est bien passé à Vauxhall ? a-t-elle demandé, alors que j'approchais avec Bob.

— Carrément. On m'a donné ce bidule, ai-je plaisanté, un sourire radieux aux lèvres, et en brandissant fièrement mon badge sous mon manteau.

— Super ! s'est exclamée Sam, amusée par la photo de Bob et moi. Alors pas de temps à perdre.

Elle a commencé par compter les dix exemplaires gratuits.

— Voici pour toi. Tu sais qu'après il faudra que tu les achètes ?

— Oui, compris.

Pendant quelques instants, elle a étudié un papier.

— J'essaye juste de voir où je peux délimiter ta zone d'action, a-t-elle expliqué, désolée de me faire attendre.

Mais elle a décidé rapidement.

— Tu as trouvé ? ai-je demandé, tout excité.

— Je pense. Voilà, tu vas travailler ici, a-t-elle dit en me montrant la station de métro de Covent Garden, sur James Street.

J'en suis resté coi.

Et après, j'ai éclaté de rire.

— Ça va ? Ça te pose un problème ? a-t-elle

demandé, perdue. Je peux t'attribuer un autre emplacement si tu préfères.

— Non, aucun problème. C'est top là-bas. Une plongée dans les bons vieux souvenirs. Je commence sur-le-champ.

Je m'y suis tout de suite mis. On était au milieu de la matinée, quelques heures avant le moment où je commençais à jouer en général, mais les rues grouillaient déjà de monde, principalement des touristes. C'était une belle journée ensoleillée, ce qui, je le savais d'expérience, mettait toujours les gens de bonne humeur.

Quand je chantais, j'avais toujours eu le sentiment que j'enfreignais la loi en me postant là. Mais maintenant que je vendais le *Big Issue*, la situation changeait du tout au tout. Du coup, je me suis planté aussi près que possible de la station sans pour autant gêner le passage.

Je ne pouvais pas résister à la tentation de jeter des coups d'œil à l'intérieur pour narguer les contrôleurs qui m'avaient fait des misères. J'ai repéré le gros type toujours en nage à la chemise bleue. Il ne m'avait pas encore remarqué, mais j'imaginais bien qu'il n'allait pas tarder.

Entre-temps, je me suis appliqué à vendre mes exemplaires.

Je savais que Sam m'avait attribué cet endroit parce que, pour les vendeurs du *Big Issue*, c'était un véritable cauchemar. Une bouche de métro n'est pas le lieu où l'on ralentit et prend le temps de papoter avec quelqu'un qui essaye de vous vendre quelque chose. Ils sont pressés, ils doivent se rendre quelque part, ont des gens à voir. Un vendeur ordinaire aurait déjà de la chance s'il réussissait à arrêter une personne sur mille dans sa course effrénée : c'était pratiquement mission impossible. Au cours de mes années de chanteur des rues, j'avais vu les vendeurs se succéder et échouer dans leurs tentatives pour attirer l'attention.

Mais je savais aussi que je n'étais pas un vendeur ordinaire. J'avais une arme secrète, une qui avait déjà fait merveille à Covent Garden. Et la magie n'allait pas s'arrêter d'opérer.

J'avais posé Bob à côté de moi et il restait assis, satisfait, à regarder les gens passer. Beaucoup ne le remarquaient pas, concentrés sur leurs conversations téléphoniques, ou fouillant dans leurs poches à la recherche de leur ticket. Mais d'autres, si.

Après quelques minutes à peine, un couple de touristes américaines s'était arrêté à côté de moi et montrait Bob du doigt.

— Ah ! s'est exclamée une jeune femme, ravie, en sortant son appareil photo.

— Je peux prendre une photo de votre chat ? a demandé l'autre.

— Bien sûr, pourquoi pas ? ai-je répliqué, content que, contrairement à la plupart des gens, elles aient eu la courtoisie de demander. Voudriez-vous acheter un exemplaire de *Big Issue* tant que vous y êtes ? Ça l'aidera à avoir un dîner ce soir.

— Oh, bien sûr, a tout de suite lancé la deuxième jeune fille, presque honteuse de ne pas y avoir pensé toute seule.

— Je comprends si vous n'avez pas assez d'argent, ai-je rassuré. Ce n'est pas une obligation.

Mais avant que je ne puisse ajouter quoi que ce soit, elle me donnait un billet de cinq livres.

— Oh, je ne suis pas sûr d'avoir la monnaie. Je

viens juste de commencer, me suis-je excusé, embarrassé à mon tour.

Je sais que les gens pensent que les vendeurs du *Big Issue* disent toujours ça, mais honnêtement, j'avais à peine quelques *pennies* dans ma poche. Quand j'ai sorti les pièces, il ne devait même pas y avoir une livre.

— Non, ça va, a-t-elle insisté. Gardez la monnaie et achetez quelque chose de bon à manger à votre chat.

Quand les Américaines sont parties, un autre groupe de touristes est arrivé, cette fois des Allemands. De nouveau, ils se sont mis à jouer avec Bob. Ils ne m'ont pas acheté de magazine, mais ça m'était égal.

Je savais déjà que je n'aurais aucun problème à vendre les dix exemplaires. En fait, je comptais même retourner voir Sam pour réapprovisionner mon stock avant la fin de la journée.

Et en moins d'une heure, j'avais réussi à refourguer six magazines. La plupart des gens me donnaient la somme juste, mais un vieux monsieur élégant dans un costume en *tweed* m'a tendu un billet de cinq. Je me sentais déjà récompensé d'avoir eu cette idée, je savais que ça ne marcherait pas toujours aussi bien, que je connaîtrais des hauts et des bas, mais j'avais l'impression que je faisais un pas de géant dans une nouvelle direction.

La recette était déjà fructueuse, mais la cerise sur le gâteau est venue à peu près deux heures et demie après que j'avais commencé. Je n'avais plus que deux magazines. J'ai entendu du bruit dans la station. Tout à coup, un petit groupe d'employés du métro est apparu sous mes yeux, dans le hall d'entrée. Ils semblaient plongés dans une conversation animée et un ou deux d'entre eux parlaient dans son walkie-talkie.

J'ai tout de suite repensé à ce qui m'était arrivé. Je

me suis demandé s'il s'était produit un autre incident et si un autre pauvre bougre allait payer pour un délit qu'il n'avait pas commis.

Quelle qu'ait été la raison de la panique, elle s'est vite dispersée et ils se sont séparés. C'est alors que le gros contrôleur transpirant nous a repérés, Bob et moi, à l'extérieur de la station. Il s'est précipité dans notre direction.

— Qu'est-ce que tu fous là, toi ? a-t-il demandé. Je croyais qu'on t'avait mis derrière les barreaux ! Tu sais que tu n'as rien à faire ici !

Je n'ai rien dit au début, mais finalement, avec une lenteur délibérée, je lui ai brandi mon badge du *Big Issue*.

— Je ne fais que mon boulot, m'sieur, ai-je dit, savourant le mélange de stupéfaction et de colère qui s'est immédiatement affiché sur son visage. Je vous suggère de continuer à faire le vôtre.

# 13.

## L'emplacement idéal

Il ne m'était pas souvent arrivé de prendre la bonne décision dans ma vie. Dès que j'en avais eu l'occasion au cours des dix années précédentes, je foirais ce que j'entreprenais en beauté. Mais quelques jours seulement après avoir commencé à vendre le *Big Issue*, j'étais convaincu que j'avais emprunté la meilleure direction.

L'impact sur notre quotidien a été immédiat pour Bob et pour moi. Pour commencer, ça nous a apporté plus de structure. Je partais enfin au travail du lundi au vendredi, ou plutôt du lundi au samedi.

Les deux premières semaines, Bob et moi sommes restés à Covent Garden du lundi au samedi, ce qui correspondait à la publication du magazine. La nouvelle édition paraissait tous les lundis matin.

Nous nous y trouvions depuis le milieu de la matinée et souvent jusqu'au début de la soirée, au moment de l'heure de pointe, vers 19 heures. Nous restions aussi longtemps qu'il le fallait pour vendre une pile de magazines.

Être avec Bob m'avait déjà appris énormément sur

les responsabilités, mais travailler pour le *Big Issue* a encore développé ce sens chez moi. Si je ne me montrais pas organisé et responsable, je ne gagnais pas d'argent. Et si je ne gagnais pas d'argent, Bob et moi n'avions pas de quoi manger. Donc à partir de cette équation, il a fallu que je gère mes magazines comme une vraie entreprise.

Pour quelqu'un dont la vie avait toujours été sens dessus dessous pendant plus de dix ans, c'était un gros pari. Je n'avais jamais été très doué avec l'argent, et je devais vivre au jour le jour. Je me suis surpris de ma capacité à m'adapter à la nouvelle demande.

Bien sûr, je n'ai pu éviter les cahots sur la route. Comment faire autrement ? On n'a pas le droit de brader ni de retourner les exemplaires du *Big Issue*, j'ai donc rapidement appris que si on calcule mal, on peut être méchamment perdant. Si on reste avec cinquante exemplaires sur les bras le samedi soir, ça fait vraiment très mal. Le lundi, on ne reçoit plus rien contre l'ancien numéro, c'est une perte sèche. D'un autre côté, personne ne veut se retrouver coincé sans magazine à vendre. Si on s'en procure trop peu et qu'on n'a plus rien pour des clients potentiels, ça ne fait pas de bien non plus. C'est un peu comme gérer Marks and Spencer, enfin, en théorie.

L'autre critère à prendre en considération était que la qualité du magazine variait considérablement d'une semaine sur l'autre. Certaines semaines, le numéro se lisait bien, avec des articles très intéressants, mais d'autres semaines, il était affreusement ennuyeux et vraiment difficile à vendre, surtout si la couverture n'affichait pas un film en vogue ou une star du rock. C'était quand même un peu injuste.

Il m'a fallu un moment pour trouver le juste équilibre.

Alors que je réfléchissais au meilleur moyen de vendre le *Big Issue*, je vivais encore au jour le jour. Ce que je gagnais entre le lundi et le samedi soir disparaissait en général avant le lundi matin de la semaine suivante. Parfois au début de la semaine, j'arrivais chez la coordinatrice avec seulement quelques livres sur moi. Si c'était Sam, je lui demandais de me rendre un service et d'acheter pour moi dix exemplaires en lui promettant de la rembourser dès que j'aurais l'argent. Elle dépannait en général les vendeurs auxquels elle faisait confiance. Je m'étais résigné à le lui demander, une ou deux fois, au comble du désespoir, et je l'avais remboursée après quelques heures seulement. Je savais qu'elle sortait l'argent de sa poche et pas des comptes du *Big Issue*, alors ce n'était que justice.

Ensuite, quand j'avais vendu ces exemplaires, je revenais lui rendre son argent et racheter d'autres magazines. Je me rattrapais petit à petit à partir de là.

Et à ce stade, je touchais moins que quand je jouais dans les rues avec Bob. Mais comme je m'installais dans ce nouveau travail, je trouvais que ça en valait la peine. Le fait que je n'enfreignais plus la loi constituait une différence de taille pour moi. Si un policier m'arrêtait, je lui montrais mon badge et il me laissait tranquille. Après l'épisode de la police des transports, c'était énorme.

Les deux premières semaines à travailler devant la station de métro ont filé à une vitesse étonnante. C'était à bien des égards pareil que jouer de la guitare ; nous attirions le même type de public : beaucoup de dames d'une cinquantaine d'années et plus, des groupes d'étudiantes et des homos, mais aussi des gens de tous âges et de tous horizons.

Un jour, au début de l'automne 2008, un type extravagant s'est approché de nous. Il avait les cheveux délavés et portait un jean, des bottes de cow-boy et il était clair que sa veste en cuir coûtait une fortune. J'étais persuadé que c'était une rock star américaine, en tout cas, il en avait l'air.

En marchant dans la rue, il avait immédiatement aperçu Bob. Il s'est arrêté et son visage s'est fendu d'un large sourire.

— Trop cool ce chat ! a-t-il complimenté d'une voix traînante transatlantique.

Il me semblait connu, mais je n'arrivais pas à le situer. Je mourais d'envie de lui demander qui il était, mais je me disais que c'était grossier. Je suis content de ne pas l'avoir fait.

Il a passé une minute agenouillé, à caresser Bob.

— Ça fait longtemps que vous êtes ensemble, tous les deux ?

— Euh, attendez que je réfléchisse, ai-je lancé en calculant. Eh bien, nous nous sommes rencontrés au printemps de l'année dernière, donc ça fait environ un an et demi.

— Sympa. Des âmes sœurs, ça se voit, a-t-il dit en souriant. Comme si vous étiez faits l'un pour l'autre.

— Merci, ai-je répliqué, brûlant de savoir qui il était.

Avant que je ne puisse demander, il s'est levé et a consulté sa montre.

— Je dois y aller. À un de ces jours, s'est-il excusé en sortant de sa poche une liasse de billets.

Il m'a ensuite collé dix livres dans la main.

— Gardez tout, a-t-il lancé quand j'ai commencé

à fouiller dans ma poche pour trouver la monnaie. Et bonne journée.

— On va faire en sorte, ai-je répliqué.

Et en effet, on s'y est appliqués.

Ça faisait vraiment une grosse différence pour moi de travailler devant la bouche du métro de façon légitime. J'avais encore des altercations avec un ou deux des contrôleurs qui m'avaient toujours regardé de travers. Je les avais toujours ignorées. Le reste du personnel me laissait assez tranquille, ils savaient que je bossais simplement, et du moment que je ne dérangeais ou ne harcelais personne, tout le monde était content.

Inévitablement, Bob et moi, nous avions aussi attiré l'attention d'autres vendeurs du *Big Issue* du quartier.

Je n'étais pas assez naïf pour penser que tout se passait dans l'harmonie et la bonne humeur entre les vendeurs et avec les autres artistes de rue. Pas moyen que je me laisse aveugler. Nous ne formions pas une belle communauté de gens aimants : c'était un monde où chacun luttait pour garder sa place. Mais pour commencer, au moins, la plupart des autres vendeurs du *Big Issue* réagissaient de manière positive à la vue du nouveau avec son chat sur les épaules.

On avait déjà vu des vendeurs avec des chiens. Un ou deux avaient même été des vrais phénomènes. Mais à ce que je sache, j'étais le premier vendeur avec un chat à Covent Garden, ou partout ailleurs à Londres, en fait.

Certains de mes concurrents étaient assez charmés. Quelques-uns venaient même caresser Bob et poser des questions sur la manière dont nous nous étions rencontrés et ce que je savais de son passé. La réponse, bien sûr : rien. C'était une page vierge, un chat mystère, ce qui poussait les gens à l'aimer encore plus.

Personne ne s'intéressait à moi, évidemment. La première chose qu'ils me disaient quand ils me revoyaient, c'était : « Comment va Bob, aujourd'hui ? » Personne ne cherchait à savoir comment j'allais. Mais ça ne me dérangeait pas ; rien de plus naturel. Et je savais que cette ambiance bon enfant ne durerait pas. Impossible, dans la rue.

Avec Bob à mes côtés, j'ai découvert que je pouvais vendre jusqu'à trente, voire cinquante journaux par jour. À deux livres le journal, comme ils coûtaient à l'époque, ça chiffrait vite, surtout avec les petits plus qu'on me donnait, ou plus exactement qu'on donnait à Bob.

Une soirée d'automne, de bonne heure, Bob était assis sur mon sac à dos, savourant les derniers rayons du soleil de la journée, quand un couple aisé est passé à côté de la station de métro. À en juger par leurs vêtements, ils se rendaient au théâtre ou peut-être même à l'opéra. Lui portait smoking et nœud papillon et elle, une robe en soie noire.

— Vous êtes superbes tous les deux, ai-je complimenté alors qu'ils bavaient en regardant Bob.

La dame m'a adressé un sourire, mais le type a fait semblant de ne pas me voir.

— Il est trop mignon, a-t-elle déclaré. Ça fait longtemps que vous êtes ensemble ?

— Pas mal de temps, oui. On s'est trouvés dans la rue, si on peut dire.

— Tenez pour vous, a lancé le type en sortant de son portefeuille un billet de vingt livres.

Avant que je puisse même mettre la main dans la

poche de mon manteau pour en sortir de la monnaie, il m'a fait un geste de la main.

— Pas la peine, gardez tout, a-t-il dit en souriant à sa compagne.

Le regard qu'elle lui a adressé en disait long. Ça devait être leur premier rancard, elle avait été très impressionnée par sa générosité.

Alors qu'ils s'éloignaient, j'ai remarqué qu'elle se penchait vers lui et passait son bras sous le sien.

Je me fichais bien que ce soit sincère ou non. C'était la première fois qu'on me donnait un billet de vingt.

Après quelques semaines seulement passées à cet endroit à côté de la bouche du métro, je me suis rendu compte que non seulement ce n'était pas un mauvais emplacement, mais qu'en fait, c'était l'emplacement idéal. Du coup, j'étais déçu d'apprendre qu'à la fin de ma période d'essai, on m'en attribuerait un autre.

Ce n'était pas vraiment une surprise. Ce qui se passe quand on appartient à la communauté des vendeurs du *Big Issue*, c'est que tout le monde peut voir combien les autres réussissent. Quand les vendeurs retournent vers le coordinateur, ils peuvent voir qui a acheté quelle quantité sur la liste qui est en libre accès. Vous pouvez la lire et repérer qui a acheté des liasses de dix ou vingt, et combien vous en avez vendu. Donc au cours de cette première quinzaine, tout le monde a dû voir que j'achetais beaucoup de magazines.

Par conséquent, l'endroit a vite été convoité par d'autres vendeurs. Au cours de la deuxième semaine, j'ai constaté un changement subtil, mais évident, dans l'attitude de certains à mon égard.

Je n'ai pas été du tout étonné quand Sam m'a annoncé qu'elle allait désormais me déplacer. Notre nouvel emplacement n'était pas situé très loin de la station de métro, à l'angle de Neal Street et Short's Gardens, devant un magasin de chaussures, le *Size*.

J'avais la nette impression que les plus anciens nous avaient pris en grippe, Bob et moi, et n'appréciaient pas du tout qu'on ait réussi aussi bien dans un emplacement réputé difficile. Pour une fois, cependant, je me la suis fermée et j'ai accepté. « Choisis tes batailles », me suis-je conseillé.

Et j'ai très bien fait.

# 14.

## Pas au beau fixe

L'automne de cette année-là a été froid et humide. Les arbres se sont vite retrouvés dépouillés de leur feuillage dès que les vents glacés ont commencé à souffler et les averses abondantes à tomber. Un matin en particulier, alors que Bob et moi quittions l'appartement pour nous diriger vers l'arrêt du bus, le soleil était encore aux abonnés absents et une petite bruine fine envahissait l'air.

Bob n'adorait pas la pluie, et j'ai donc pensé que c'était la raison de son état léthargique quand on est partis. On aurait dit que chaque pas qu'il faisait lui coûtait, presque comme s'il marchait au ralenti. « Peut-être qu'il regrette de me suivre aujourd'hui, me suis-je dit. Ou peut-être que c'est vrai ce qu'on dit sur les chats qui peuvent prévoir le mauvais temps. » Quand j'ai levé les yeux vers le ciel, une épaisse couche de nuages gris plomb menaçait le nord de Londres comme un vaisseau extraterrestre. Ça allait sûrement être ainsi toute la journée : des averses importantes se préparaient déjà. « Peut-être que Bob a raison et que nous ferions mieux de tourner les talons », ai-je pensé l'espace d'une seconde. Mais je me suis souvenu que nous n'avions pas assez d'argent pour tenir le week-end. « Tu ne peux pas vraiment faire le difficile, même si on t'a innocenté de toutes les charges qui pesaient contre toi », me suis-je dit, essayant de garder le moral.

Ça ne me faisait jamais vraiment plaisir de travailler dans les rues de Londres, mais aujourd'hui, c'était encore plus une corvée que les autres jours.

Bob avançait toujours comme une limace et on avait mis un quart d'heure à faire trois pas.

— Allons, mon gars, monte, ai-je lancé en le hissant à sa position habituelle.

Il s'est blotti sur mon épaule et nous avons continué jusqu'à Tottenham High Road pour attraper le bus. La pluie s'intensifiait déjà. De grosses gouttes très lourdes éclaboussaient le trottoir. Bob n'avait pas l'air trop contrarié, alors que nous évitions les flaques et nous abritions sous tous les auvents qui s'offraient à nous sur le chemin. Mais alors que nous nous installions à notre place habituelle, je me suis rendu compte que sa mauvaise humeur n'était pas seulement due au temps.

Le voyage en bus constituait le moment favori de sa journée. Bob était d'un naturel curieux. En général, le monde n'en finissait pas de le fasciner. Peu importe combien de fois nous faisions le même trajet, il ne se lassait jamais de regarder par la vitre. Mais ce jour-là, il n'a même pas cherché à prendre le siège côté fenêtre, et il est vrai que de toute façon, il n'aurait pas vu grand-chose entre la condensation et les traînées d'eau qui obscurcissaient la vitre. Il a préféré se rouler en boule sur mes genoux. Il avait l'air fatigué. Son corps exprimait un profond épuisement. Et ses yeux étaient brumeux, comme s'il était à moitié endormi. Il n'était décidément pas dans son état alerte habituel.

Quand nous sommes descendus à Tottenham Court Road, les choses ont clairement empiré. Par chance, la pluie s'était un peu calmée et j'ai pu aller vers Covent Garden en empruntant les petites rues. Ça n'a pas été facile parce que j'essayais de contourner à la fois les grosses flaques et les parapluies qui m'arrivaient en pleine face.

Alors que nous descendions Neal Street, j'ai tout à coup senti que Bob se comportait de manière étrange sur mon épaule. Plutôt que de rester calmement assis, il gigotait et se balançait.

— Tout va bien, mon gars ? ai-je demandé en ralentissant.

Et subitement, il s'est mis à s'agiter, produisant des bruits de gorge effrayants, comme s'il s'étouffait ou essayait de se dégager la trachée. Je pensais qu'il allait sauter ou tomber de mes épaules, alors je me suis empressé de le poser sur le trottoir pour voir ce qui n'allait pas. Mais avant même que je puisse m'agenouiller, il a commencé à vomir. Rien de solide, que de la bile, mais ça ne s'arrêtait plus. Son corps se convulsait et il continuait à essayer d'expulser ce qui le rendait malade. Un instant, je me suis demandé si c'était ma faute, avec tous les déplacements que je lui imposais.

Ça l'a de nouveau pris et il a rendu plus de bile encore. Son état n'était pas seulement dû au transport. Très vite, il n'a plus rien eu à vomir, ce qui était étonnant parce qu'il avait bien mangé la veille et le matin. Et là, j'ai compris que ça devait être grave. Il devait déjà être malade avant qu'on quitte l'appartement ; sans doute cela avait-il commencé quand il faisait ses besoins dans le jardin. Il devait avoir la nausée dans le bus. Je m'en suis immédiatement voulu de ne pas l'avoir vu avant.

C'est étrange, la façon dont on peut réagir dans une situation pareille. Je suis sûr d'avoir les mêmes réactions que tous les parents ou les maîtres d'animaux domestiques. Un tas d'idées folles, parfois contradictoires se bousculent dans la tête : est-ce qu'il avait simplement mangé quelque chose qui l'avait barbouillé ? ou était-ce plus grave ? est-ce qu'il allait mourir devant mes yeux ? J'avais entendu des histoires de chats agonisant devant leurs maîtres après avoir bu du produit d'entretien ou mangé un bout de plastique. L'image de Bob mort a traversé mon esprit. J'ai réussi à me ressaisir avant que mon imagination s'emballe.

« Allons, James, réfléchissons posément », me suis-je dit.

Je savais que tous ses haut-le-cœur et le fait qu'il n'avait plus de liquide à rendre signifiaient qu'il était déshydraté. Si je n'agissais pas rapidement, cela risquait d'endommager un de ses organes. Quelque chose à manger et, plus important, un peu d'eau seraient les bienvenus. Alors je l'ai pris dans mes bras et nous sommes partis vers Covent Garden pour entrer dans un supermarché que je connaissais, à côté de la place. Je n'avais pas beaucoup d'argent sur moi, mais j'ai tout de même réussi à réunir assez de pièces pour acheter à Bob un repas au poulet liquide, qu'il aimait bien en général, et de l'eau minérale. Je ne voulais pas prendre le risque de lui donner l'eau d'une fontaine : ça pouvait aggraver encore son état.

Je l'ai porté jusqu'à Covent Garden, j'ai posé l'eau sur le trottoir, à notre emplacement habituel, et j'ai sorti la gamelle pour y verser le poulet.

— Tiens, mon gars, ai-je proposé en le caressant et en lui approchant le bol.

En temps normal, il se serait jeté dessus et l'aurait

dévoré en un clin d'œil, mais pas ce jour-là. Il l'a examiné un moment avant de s'en approcher. Et il était toujours aussi hésitant, goûtant à peine la nourriture. Il n'a mangé que la gelée, pas un seul bout de viande. Ça a déclenché une nouvelle fois la sonnette d'alarme dans ma tête. Ce n'était pas le Bob que je connaissais et que j'aimais, ça n'allait vraiment pas du tout.

À contrecœur, j'ai entrepris de vendre le magazine. Il nous fallait de quoi tenir pour les quelques prochains jours, surtout si je devais emmener Bob chez le vétérinaire et acheter des médicaments. Mais franchement, je n'avais pas la tête à ça. J'étais bien trop préoccupé à surveiller Bob pour essayer d'attirer l'attention des passants. Il était affalé sur le trottoir, impassible, intéressé par rien. Bien évidemment, très peu de monde s'est arrêté ce jour-là pour m'acheter le journal et j'ai abrégé la journée après moins de deux heures. Bob n'avait plus vomi, mais il n'était vraiment pas en forme. Il fallait que je le ramène au chaud, et au sec.

Je suppose que j'avais eu de la chance avec Bob jusqu'alors. Depuis que je l'avais pris sous mon aile, il n'avait jamais été malade. Il avait eu des puces au début, mais rien de plus normal pour un chat des rues. Je l'avais traité et je lui avais donné des médicaments contre les vers, et après cela il n'avait connu aucun problème de santé.

Bien sûr, je l'emmenais de temps à autre au Blue Cross sur Islington Green, où on lui avait posé sa puce électronique. Les vétérinaires et les infirmières le connaissaient bien maintenant, et ils s'émerveillaient toujours de sa forme olympique. Du coup, pour moi, la situation était nouvelle. Je redoutais que cela puisse être grave. Alors qu'il se reposait sur mes genoux dans le bus de retour vers Tottenham, je sentais les émotions monter en moi. Je déployais des efforts titanesques pour ne pas éclater en sanglots. Bob était ce que j'avais de mieux dans la vie, l'idée de le perdre me terrorisait ; je n'arrivais pas à éloigner cette pensée de mon esprit.

Quand nous sommes rentrés à la maison, Bob a filé droit sous le radiateur où il s'est allongé, et s'est directement endormi. Il y est resté pendant des heures. Cette nuit-là, je n'ai pas beaucoup dormi, je me faisais un sang d'encre. Il était tellement KO qu'il n'avait même pas trouvé la force de me suivre au lit, préférant pioncer sous le radiateur. Je me levais sans arrêt pour aller voir si tout allait bien. Sur la pointe des pieds, dans le noir, je me rendais au salon pour l'écouter respirer. À un moment, j'ai même pensé que je ne l'entendais plus, alors j'ai posé la main sur son ventre pour m'assurer qu'il montait et descendait encore. Le soulagement que je ressentais en constatant qu'il respirait doucement m'étonnait.

On était si serrés financièrement que j'ai quand même dû sortir travailler le lendemain. Un réel dilemme se présentait à moi. Est-ce que je pouvais laisser Bob seul dans l'appartement ? Ou est-ce que je devais le couvrir bien chaudement et l'emmener avec moi au centre-ville, et ainsi pouvoir le surveiller ?

Heureusement, le temps était bien plus clément. Le soleil avait même décidé de faire une apparition remarquée. Et quand je suis sorti de la cuisine avec mon bol de céréales à la main, j'ai vu que Bob avait levé la tête vers moi. Il semblait un peu plus enjoué que la veille, et lorsque je lui ai offert quelque chose à manger, il a grignoté avec beaucoup plus d'enthousiasme.

J'ai donc décidé de le prendre avec moi. Il était

encore tôt dans la semaine, et du coup, je devais attendre quelques jours avant de pouvoir le montrer à un vétérinaire du Blue Cross. Alors pour anticiper, je me suis dit que quelques recherches ne me feraient pas de mal, et je suis allé à la bibliothèque de mon quartier pour regarder sur Internet les symptômes de Bob.

J'avais oublié à quel point c'est une mauvaise idée, ce genre de lectures sur le Web. On vous présente toujours le pire des scénarios.

J'ai tapé quelques mots-clés et je suis arrivé sur des sites à caractère informatif. Quand j'ai entré les symptômes principaux – léthargie, vomissements, perte d'appétit, et encore quelques-uns –, toute une série de maladies potentielles a surgi.

Certaines, pas si grave, comme un trop-plein de poils dans l'estomac ou même des flatulences. Mais j'ai commencé à lire les autres possibilités. Rien que les premières déjà étaient affolantes. Dans le lot, on trouvait maladie d'Addison, déficience des reins, et empoisonnement à l'arsenic. Comme si ça ne suffisait pas, les autres options sur la longue liste incluaient leucémie féline, colite, diabète, empoisonnement au plomb, salmonelle et angine. Le pire, selon moi : les signes avant-coureurs du cancer des intestins.

Après être resté accroché à l'écran pendant quinze minutes, je ne contrôlais plus ma nervosité.

J'ai décidé de changer de stratégie et de chercher les meilleurs traitements contre les vomissements, c'était déjà plus positif. Les sites que j'ai ouverts suggéraient de beaucoup boire, de se reposer et de consulter un médecin. Voilà ce que j'avais bien l'intention de faire pour les vingt-quatre ou quarante-huit prochaines heures. J'allais en fait le surveiller sans interruption.

S'il se remettait à vomir, évidemment, je l'amènerais sur-le-champ chez le vétérinaire. Sinon, j'irais tranquillement au Blue Cross, le jeudi.

Le lendemain, j'ai décidé de rester à la maison jusque tard dans l'après-midi pour donner l'occasion à Bob de bien se reposer. Il a dormi comme une bûche, en boule à son endroit favori. Je voulais garder un œil sur lui. Il avait l'air bien, alors je me suis dit que je pourrais le laisser trois ou quatre heures et vendre quelques magazines. Je n'avais pas trop le choix.

En me baladant dans les rues qui menaient de Tottenham Court Road à Covent Garden, j'ai de nouveau pleinement pris conscience de mon invisibilité. Quand je suis arrivé sur mon lieu de travail, les seules questions qu'on me posait étaient : « Où est Bob ? » Quand j'ai expliqué qu'il était malade, tout le monde a semblé sincèrement inquiet. « Il va se rétablir ? », « C'est grave ? », « Vous allez l'amener chez le vétérinaire ? », « Vous pensez qu'il peut rester seul à la maison ? »

C'est à cet instant qu'une idée m'a frappé. J'avais croisé une infirmière vétérinaire, prénommée Rosemary. Son petit ami, Steve, était employé dans un magasin de BD à côté d'un endroit où nous travaillions souvent. Bob et moi, on entrait de temps en temps et on s'était liés d'amitié. Rosemary s'y était trouvée un jour avec Steve et nous nous étions lancés dans une conversation sur Bob.

J'ai passé la tête dans le magasin pour voir si l'un des deux était là. Heureusement, j'ai aperçu Steve et il m'a donné le numéro de téléphone de Rosemary.

— Ça ne la dérangera pas du tout si vous l'appelez, a-t-il garanti. Surtout si c'est à propos de Bob : elle l'adore.

Quand j'ai parlé à Rosemary, elle m'a posé plein de questions.

— Qu'est-ce qu'il mange ? Est-ce que ça lui arrive de manger autre chose quand il est dehors ?

— Oui, il fouille dans les poubelles.

Cette habitude, il n'avait jamais réussi à s'en défaire. C'était une terreur absolue. Je l'avais vu déchiqueter mes sacs de déchets, laissés dans la cuisine. Je devais les sortir immédiatement. C'était un chat des rues. On peut sortir le chat des rues, mais pas la rue des chats.

Je pouvais l'entendre dans sa voix, et ça m'a fait l'effet d'une ampoule qui s'allumait dans ma tête.

— OK, a-t-elle lancé. Alors ça peut être l'explication.

Elle m'a prescrit des probiotiques, des antibiotiques et un sirop pour tapisser l'estomac.

— Donnez-moi votre adresse. Je vous envoie les médicaments par coursier.

Ça m'a soufflé.

— Oh non, je ne pense pas pouvoir payer ce service, Rosemary.

— Non, ne vous en faites pas, ça ne vous coûtera rien. Je vais simplement ajouter cela à une autre livraison dans le coin. Vous l'aurez ce soir. Ça ira ?

— Oui, super.

Je n'en revenais pas. Je n'avais pas connu un tel geste de générosité spontanée depuis un bon nombre d'années. Des actes de violence gratuite, oui ; de bonté, certainement pas. C'était un des changements les plus importants que Bob m'avait apportés. Grâce à lui, je découvrais le bon côté de la nature humaine. J'avais recommencé à faire confiance.

Rosemary ne m'a pas déçu. Je ne doutais pas qu'elle tiendrait ses engagements. Le coursier est arrivé tôt dans la soirée et j'ai administré à Bob la première dose sur-le-champ.

Il n'a pas apprécié le goût des probiotiques. Il a fait une moue terrible et a reculé d'un pas quand je lui ai donné la première cuillerée.

— Pas de chance, mon gars, ai-je dit. Si tu n'étais pas allé coller ton museau dans les poubelles, tu n'aurais pas à prendre ça.

L'effet des médicaments ne s'est pas fait attendre. Cette nuit-là, il a dormi comme un loir et le lendemain, il était déjà beaucoup plus en forme. J'ai dû maintenir sa tête avec la main pour lui faire avaler les probiotiques.

Le jeudi, il était clairement en voie de rétablissement. Mais par acquit de conscience, j'ai préféré faire un tour au Blue Cross sur Islington Green.

L'infirmière de service l'a tout de suite reconnu et elle a paru inquiète en apprenant que Bob n'avait pas été dans son assiette.

— On va l'ausculter alors, le petit père, a-t-elle déclaré.

Elle l'a pesé, a regardé dans sa gueule et l'a tâté un peu partout.

— Tout a l'air de fonctionner parfaitement. Il sera bientôt sur pied.

On a discuté encore un peu avant que je parte.

— Mais arrête les poubelles, Bob, s'il te plaît, a-t-elle lancé alors que nous sortions.

Voir Bob malade m'avait miné. Je l'avais pris pour un chat indestructible. Je n'avais jamais imaginé qu'il pourrait connaître un souci de santé. Découvrir qu'il était mortel m'a vraiment choqué.

Cela soulignait le sentiment qui montait en moi

depuis un moment déjà. Il fallait vraiment que je décroche de toute forme de drogue.

J'en avais assez, de mon style de vie. J'étais fatigué de devoir quotidiennement aller à la pharmacie et deux fois par mois en désintox. Je n'en pouvais plus, d'être sur le fil du rasoir.

Du coup, lors de ma visite suivante chez mon conseiller, j'ai évoqué l'idée d'arrêter la méthadone et de franchir la dernière étape vers le sevrage complet. Nous en avions déjà parlé, mais je ne pense pas qu'il m'avait réellement pris au sérieux. Aujourd'hui, il voyait que mon attitude avait changé.

— Ce ne sera pas facile, James.

— Oui, j'en suis conscient.

— Il faudra que vous preniez un médicament, le Subutex. On peut diminuer le dosage petit à petit pour qu'au bout du compte, vous n'ayez plus rien à prendre.

— D'accord.

— La transition peut être violente, vous aurez sans doute de lourds symptômes de manque, a-t-il ajouté en se penchant vers moi.

— C'est mon problème, mais je veux vraiment le faire. Je le veux pour moi et pour Bob.

— D'accord, je mets tout en place et on va envisager d'entamer le processus dans quelques semaines.

Pour la première fois depuis des années, je sentais que je pouvais apercevoir les premières lueurs au bout d'un tunnel très noir.

# 15.

# La liste noire

J'ai senti que les choses ne tournaient pas rond au moment où j'ai mis les pieds à Covent Garden devant le stand des coordinateurs du *Big Issue*, un lundi matin froid et humide. Quelques autres vendeurs se trouvaient là, piétinant pour se réchauffer et sirotant du thé dans des gobelets en carton. Quand ils nous ont aperçus, Bob et moi, quelques-uns se sont mis à bavarder entre eux et nous ont adressé des regards noirs, comme si je n'avais rien à faire là.

Quand Sam, la coordinatrice, est apparue de l'autre côté du chariot de distribution où elle rassemblait de nouvelles liasses de journaux, elle a tout de suite pointé son index vers moi.

— James, il faut que je te parle, a-t-elle dit, les sourcils froncés.

— Bien sûr, quel est le problème ? ai-je demandé en approchant avec Bob sur l'épaule.

Elle lui disait presque toujours quelque chose quand elle le caressait, mais pas là.

— J'ai reçu une plainte. En fait, plusieurs, même.

— À quel sujet ?

— Certains vendeurs disent que tu flottais. On t'a vu à plusieurs reprises marcher autour de Covent Garden. Tu sais bien que c'est interdit.

— C'est faux ! me suis-je tout de suite défendu, mais elle a levé les mains pour que je n'enchaîne pas.

— Pas la peine d'ajouter quoi que ce soit. Le bureau veut te parler.

Je pensais qu'elle avait fini et je me suis dirigé vers les magazines empilés dans le chariot.

— Désolée, non, tu ne peux plus acheter de magazines jusqu'à ce que tu sois allé clarifier la situation à Vauxhall.

— Quoi ? Je ne peux pas acheter de magazines aujourd'hui ? ai-je protesté. Comment je vais pouvoir gagner de l'argent pour Bob et moi ?

— Désolée, tu es suspendu jusqu'à ce que cette affaire soit réglée.

J'étais fâché, mais pas si surpris que ça. Cela faisait un moment que la sanction menaçait.

Une des nombreuses règles de la vente du *Big Issue*, c'est qu'on ne doit pas s'éloigner de l'emplacement qu'on vous a affecté. Surtout ne pas vendre dans la zone de quelqu'un d'autre. Et vous n'êtes pas non plus supposé « flotter », c'est-à-dire marcher dans les rues. J'avais accepté le règlement dans son intégralité : je n'aurais pas apprécié qu'un autre vendeur s'approche de ma zone. Il était tout à fait logique de gérer ainsi l'armée des vendeurs qui sévissaient à Londres.

Mais au cours du dernier mois, plusieurs vendeurs étaient venus me reprocher de « flotter ». Ils avaient affirmé m'avoir vu vendre des journaux alors que je marchais avec Bob. C'était faux, mais je comprenais pourquoi ils avaient eu cette impression.

Quand je marchais avec Bob, on m'arrêtait continuellement. Où qu'on aille à Londres, des gens nous accostaient pour caresser Bob ou parler avec lui et prendre des photos.

La seule différence à présent, c'était qu'on me demandait aussi un exemplaire du *Big Issue*.

Comme je l'ai expliqué à mes collègues, ça me mettait dans une situation délicate. Techniquement, ce que je devais dire était une phrase du genre : « Désolé, vous allez devoir venir à mon emplacement ou alors acheter à un des vendeurs les plus proches. » Mais je connaissais bien le résultat au final : personne n'achèterait et tout le monde serait perdant.

Quelques-uns des vendeurs auxquels je l'avais expliqué s'étaient montrés compréhensifs. Mais beaucoup d'autres, non.

J'ai tout de suite deviné qui était allé se plaindre : pas besoin d'être un génie pour l'imaginer.

Un mois environ avant que Sam ne me suspende, je marchais sur Long Acre, à côté d'un Body Shop, où un certain Geoff avait son emplacement. Gordon Roddick, dont la femme Anita avait fondé le Body Shop, avait des liens étroits avec le *Big Issue*, et par conséquent, on trouvait toujours des vendeurs devant sa boutique. Je le connaissais un peu et l'ai salué en passant. Mais quelques mètres plus loin, un vieux couple d'Américains nous a arrêtés, Bob et moi.

Ils étaient incroyablement polis, le stéréotype classique des Américains du Midwest.

— Excusez-moi, jeune homme, a commencé le monsieur. Puis-je prendre une photo de vous et de votre compagnon ? Notre fille adore les chats et cela la réjouirait certainement.

J'ai accepté volontiers. Personne ne m'avait appelé

« jeune homme » depuis des années. Ou peut-être même jamais !

Je commençais à avoir tellement l'habitude de poser pour les touristes que j'adoptais désormais quelques attitudes qui plaisaient. Je plaçais Bob sur mon épaule droite et je lui tournais le museau pour qu'on regarde tous les deux droit dans l'objectif. C'est ce que j'ai fait ce matin-là.

Le couple était enchanté.

— Oh, Dieu, je ne sais comment vous remercier. Elle sera trop contente ! s'est exclamée la femme.

Ils ne tarissaient plus de remerciements et m'ont proposé de m'acheter un exemplaire du magazine. J'ai refusé, leur montrant Geoff à quelques mètres.

— C'est lui le vendeur officiel du *Big Issue* dans cette partie du quartier, alors c'est à lui que vous devez l'acheter.

Ils n'ont pas voulu et ont poursuivi leur route. Mais avant de partir, la femme s'était penchée vers moi pour me glisser un billet de cinq dans la main.

— Voilà pour vous, a-t-elle dit. Offrez-vous une petite gâterie, à vous et votre chat.

Le genre de situation classique dont la perception est en fait l'opposé de la réalité. N'importe qui aurait pu voir que je n'avais pas réclamé d'argent et que je les avais activement orientés vers Geoff. Mais pour Geoff, au contraire, j'avais non seulement demandé l'aumône sans donner de magazine en échange, ce qui était également interdit, mais j'avais aggravé l'offense en leur conseillant de l'ignorer.

J'ai tout de suite su que ça paraîtrait louche, alors j'ai voulu m'expliquer avec lui, mais il était déjà trop tard. Il nous a crié des insultes, à Bob et moi, avant même que j'approche de lui. Je savais que Geoff était colérique et bagarreur. J'ai préféré ne pas m'y risquer. Il enrageait littéralement, je n'ai même pas essayé d'argumenter avec lui, je l'ai juste laissé en paix.

Il est clair que l'incident a pris de sacrées proportions auprès des vendeurs. Après ça, une cabale avait dû être montée contre moi.

Ça a démarré avec des petites remarques insidieuses.

— Tu flottes ou tu planes aujourd'hui ? m'a lancé un vendeur sarcastique, alors que je passais devant son emplacement, un matin.

Au moins, il avait un peu d'humour.

Un autre vendeur, vers Saint Martin's Lane, s'est montré bien plus direct.

— Il va voler les ventes de qui, cet enfoiré, aujourd'hui ? m'a-t-il craché au visage.

J'ai une fois de plus essayé d'expliquer la situation, mais autant pisser dans un violon. Manifestement, les vendeurs parlaient entre eux, et pour eux, deux plus deux faisaient au moins cinq.

Au début, ça ne m'avait pas préoccupé plus que ça, mais je voyais bien que la situation prenait d'autres proportions.

Peu de temps après l'incident avec Geoff, j'ai commencé à recevoir des menaces des vendeurs ivres. Les employés du *Big Issue* ne sont pas censés boire pendant le travail. C'est une des règles les plus fondamentales. Mais en fait, beaucoup d'entre eux sont des alcooliques et se trimballent partout avec une canette de bière dans la poche. Pour d'autres, ce sont même des alcools plus forts, et ils prennent une gorgée de temps en temps pour tenir. Il faut bien que je l'admette, je l'avais fait moi-même au cours d'une journée particulièrement froide. Mais pour ces types, c'était différent, c'étaient vraiment des ivrognes.

Un jour, avec Bob, on traversait la place, quand l'un d'eux a commencé à nous crier dessus en agitant les bras.

— Espèces d'enculés ! On va vous faire la peau !

J'aurais bien aimé dire que ça n'est arrivé qu'une fois, mais c'est devenu carrément régulier : au moins toutes les semaines, on était l'objet d'injures de ce type.

La confirmation ultime que ça n'allait plus du tout, je l'ai eue un après-midi, alors que je m'attardais à côté du chariot de la coordinatrice à Covent Garden. Steve, le collègue de Sam, la remplaçait souvent à cette heure-là.

Il était toujours très gentil avec Bob. Je ne pense pas que Steve m'aimait beaucoup, moi, mais il faisait toujours fête à Bob. Mais ce jour-là, il avait été d'une humeur exécrable contre nous deux.

J'étais tranquillement assis sur un banc, quand Steve est venu vers moi.

— Si ça ne regardait que moi, tu ne vendrais plus de magazines, a-t-il affirmé, du venin dans la voix. Pour moi, tu n'es qu'un mendiant. C'est ce que vous faites, toi et ton chat.

Ses paroles m'ont vraiment contrarié. Je revenais de tellement loin, j'avais vraiment fait des efforts pour entrer dans la grande famille du *Big Issue* de Covent Garden. Je m'étais justifié à maintes reprises sur ce qui se passait quand j'étais avec Bob, mais ça ne changeait rien, ça entrait dans une oreille et ressortait par l'autre.

Donc, comme je l'ai dit, je n'ai pas vraiment été surpris quand Sam m'a annoncé que je devais me rendre aux bureaux du magazine. Mais ça m'a fait un choc.

J'ai quitté Covent Garden sidéré et perdu, et pas

qu'un peu. Je ne savais vraiment pas comment m'en sortir maintenant que je figurais sur la liste noire.

*
* *

Ce soir-là, on a dîné, Bob et moi, et on est allés se coucher de bonne heure. Les températures avaient beaucoup baissé, et vu notre situation financière, je voulais éviter de consommer trop d'électricité. Alors que Bob se blottissait confortablement au pied de mon lit, je me suis glissé sous les couvertures et j'ai essayé de réfléchir à ce que j'allais faire.

Je ne savais pas du tout ce que signifiait la suspension. Est-ce que ça voulait dire que j'allais être rayé du registre pour de bon ? Ou est-ce que c'était simplement une tape sur les doigts ? Aucune idée.

Alors que j'étais allongé, je me suis rappelé comment ma carrière de musicien des rues avait été si injustement interrompue. Je ne supportais pas l'idée de me voir encore une fois refuser un moyen de subsistance à cause de mensonges.

Cette situation-là me paraissait encore plus injuste. Je n'avais fait aucune vague, contrairement à beaucoup de vendeurs du *Big Issue* que j'avais vus à Covent Garden, qui ne respectaient pas toujours le règlement et qui étaient souvent réprimandés par Sam et par les autres coordinateurs.

Il y avait par exemple un type très connu de nous tous. Une espèce de gros tas impertinent et très intimidant, qui beuglait sur les passants de façon très menaçante. Il effrayait en particulier les femmes en leur disant : « Allez, ma poule, achète-moi un magazine ! », mais ça sonnait comme : « Achète-moi un magazine, sinon… »

Apparemment, il glissait de force le magazine enroulé dans le sac des gens. J'avais aussi entendu dire qu'il les arrêtait et leur disait : « Ça fera deux livres, s'il vous plaît », et ensuite il ne les lâchait pas jusqu'à ce qu'ils lui donnent l'argent. Ce genre de comportement n'aide personne. La plupart du temps, le magazine se retrouvait jeté dans la poubelle la plus proche. Et de toute façon, l'argent qu'il recevait ne lui servait à rien. Cette brute avait la réputation d'être un joueur compulsif et les autres vendeurs disaient qu'il se dépêchait de tout perdre dans les machines à sous.

Il avait déjà enfreint tant de règles de base que, selon moi, il ne servait plus à rien de le réprimander. Jamais on ne tirerait quoi que ce soit de cet individu.

Quelles que soient les fautes que j'étais censé avoir commises, je ne lui arrivais pas à la cheville. Et c'était la première fois qu'on m'accusait du moindre délit. Ça ne pouvait que compter en ma faveur. Il n'était pas possible qu'on nous dégage à la première incartade. Mais je n'en savais rien, alors j'ai commencé à paniquer.

Plus j'y pensais, plus je me sentais perdu et impuissant. Mais je savais qu'il fallait que je prenne les devants. Alors le lendemain, j'ai décidé de partir comme tous les jours au travail et de m'adresser tout simplement à un autre coordinateur de Londres. C'était un risque qui, selon moi, valait la peine d'être pris.

En tant que vendeur du *Big Issue*, on apprend la localisation des différents coordinateurs ; Oxford Street, King's Cross et Liverpool Street en particulier. On connaît vite tout le réseau. Et donc je me suis dit que j'allais tenter ma chance à Oxford Street où j'avais rencontré deux, trois personnes par le passé.

Je suis arrivé au stand au milieu de la matinée et j'ai essayé de la jouer profil bas. J'ai montré mon badge et j'ai acheté une pile de vingt magazines. Le type était occupé à autre chose et il m'a à peine calculé. Je ne lui en ai pas donné l'occasion, non plus : j'ai vite filé. Je me suis juste installé à un endroit qui semblait libre.

J'étais surtout désolé pour Bob, dans tout ça. Il était nerveux et désorienté, et on le comprend. Il aimait la routine, la stabilité et avait beaucoup de mal avec l'imprévu. Il n'a pas vraiment apprécié que le chaos apparaisse à nouveau dans son quotidien. Et moi non plus, pour être honnête. Il devait se demander pourquoi nos petites habitudes étaient chamboulées comme ça.

J'ai réussi à vendre un nombre correct de magazines ce jour-là et le lendemain aussi. Je changeais d'endroit tous les jours, imaginant que l'équipe du *Big Issue* me pistait. Je sais, ce n'était pas logique et un peu fou, mais j'étais parano, terrifié à l'idée de perdre mon emploi.

Je me voyais traîné devant un comité quelconque où on m'arrachait mon badge et on me mettait à la porte.

— Qu'est-ce qui nous arrive ? ai-je demandé à Bob, alors qu'on repartait vers le bus ce soir-là. On n'a rien fait de mal, ils peuvent pas juste nous lâcher un peu ?

Je me suis résigné à tenter ma chance au cours des semaines à venir aux quatre coins de Londres, priant pour que les coordinateurs ne découvrent pas que j'étais *persona non grata*.

J'étais assis sous un vieux parapluie usé dans une rue quelque part à côté de la station de Victoria, un samedi tard dans l'après-midi, quand je me suis finalement dit que j'avais fait une erreur. Ou pour être honnête, c'est Bob qui me l'a dit.

Des trombes de pluie tombaient depuis quatre heures et pratiquement personne ne s'était arrêté pour acheter un magazine. Ça se comprenait facilement : les gens voulaient juste se mettre à l'abri, loin de ce déluge.

Depuis que nous avions commencé à vendre dans l'après-midi, les seules personnes qui avaient témoigné un quelconque intérêt pour Bob et moi étaient les agents de la sécurité des différents bâtiments sous les auvents desquels nous cherchions à nous protéger.

— Désolé, monsieur, vous ne pouvez pas rester ici, me lançaient-ils tous avec une régularité implacable.

J'avais trouvé le parapluie dans une poubelle et l'avais pris pour essayer d'éviter que la journée ne soit qu'une série de catastrophes. Ça n'avait pas marché.

Cela faisait un mois que je me procurais des journaux par l'entremise de différents vendeurs dans Londres. Je faisais très attention à qui j'approchais et, où que j'aille, j'arrivais à faire en sorte que mes « collègues » achètent des magazines pour moi. Beaucoup savaient qui j'étais, mais la plupart ne savaient pas que j'avais été suspendu et ils me prenaient des liasses de dix ou de vingt pour que je puisse travailler. Je ne voulais pas leur causer de problèmes, mais s'ils n'étaient pas au courant de ma mise à pied, personne ne pouvait leur reprocher quoi que ce soit. Je m'étais convaincu que je ne craignais rien et après tout ce que j'avais traversé au cours des derniers mois, je voulais juste gagner ma vie et prendre soin de Bob et de moi-même.

Mais c'était vraiment compliqué. Trouver un emplacement correct était un calvaire, surtout parce que la grande majorité des endroits où je m'installais n'étaient pas référencés. On nous déplaçait sans arrêt, à Oxford Street, Paddington, King's Cross, Euston et d'autres stations. Un jour, alors qu'un même policier m'avait demandé de quitter trois emplacements différents, j'ai reçu un avertissement semi-officiel : la prochaine fois, je recevrais une amende. Je ne voulais pas revivre ça.

C'était une situation sans issue. J'essayais de me tenir à l'écart des emplacements principaux et de choisir des endroits passants, mais du coup, il devenait vraiment difficile de vendre des magazines, même avec Bob. Le *Big Issue* n'avait pas établi sa carte au hasard. On avait étudié avec précision les endroits où les journaux se vendraient, et où nous n'avions aucune chance. Et moi, j'étais contraint d'y travailler.

Bob attirait toujours les badauds, bien sûr, mais nous ne nous trouvions simplement pas là où il fallait. Inévitablement, l'effet se faisait sentir sur l'état de mes finances, et ma petite entreprise du *Big Issue* en pâtissait grandement. Ce soir-là, j'allais toucher le fond. Il me restait près de quinze magazines, je savais que je ne parviendrais pas à les vendre et que le lundi, quand le nouveau numéro sortirait, ils seraient obsolètes. J'étais dans le pétrin.

Comme la lumière baissait et que la pluie continuait à tomber, je me disais que j'essaierais encore un ou deux emplacements dans l'espoir de me débarrasser d'un maximum de journaux. Mais je n'avais pas pensé à Bob.

Jusqu'alors, il s'était montré sage comme une image, stoïque même les jours les plus désespérément sinistres. Il ne se plaignait même plus de se faire éclabousser par les voitures ou les passants, et pourtant, je savais combien il détestait se faire tremper dans le froid. Mais quand j'ai essayé de m'asseoir au premier angle de rue que j'ai trouvé, il a refusé d'arrêter de marcher. Il était très rare qu'il tire sur sa laisse comme un chien, mais là, il y a mis tout son cœur.

— OK, Bob, message reçu, tu ne veux pas t'arrêter ici, ai-je dit simplement, pensant que c'était l'emplacement qui ne lui convenait pas.

Mais il a recommencé sur le trottoir suivant et sur le suivant encore, et j'ai finalement percuté.

— Tu veux rentrer à la maison, c'est ça, Bob ?

Il marchait toujours au bout de sa laisse, mais en entendant cela, il a ralenti et a tourné la tête imperceptiblement dans ma direction, et j'ai même eu l'impression qu'il levait un sourcil. Ensuite, il s'est arrêté net et m'a adressé son regard habituel quand il voulait que je le porte.

À cet instant, j'ai pris une décision. Jusqu'alors, Bob avait été solide comme un roc, restant loyalement à mes côtés même quand les affaires n'allaient pas fort et que sa gamelle diminuait perceptiblement. Cela me prouvait quel compagnon fidèle il était. Maintenant il fallait que je me montre à la hauteur et que je remette notre entreprise sur les rails.

Je savais que c'était la chose à faire. Le *Big Issue* avait constitué une étape majeure dans ma vie, il m'avait donné le plus grand élan que j'avais jamais connu, ou plutôt le plus grand élan depuis Bob. Il fallait simplement que je clarifie ma situation auprès du journal. Je ne pouvais plus éviter d'y affronter les foudres. Pour le bien de Bob, autant que pour le mien ; je ne pouvais plus lui infliger cela.

Par conséquent, le lundi matin suivant, je me suis douché, j'ai enfilé une chemise propre et je suis parti à Vauxhall. J'ai pris Bob avec moi pour m'expliquer.

Je ne savais vraiment pas à quoi m'attendre. Le pire scénario étant, bien sûr, qu'on me retire mon badge et qu'on m'interdise de vendre le magazine. Ça aurait été très injuste, mais je me disais qu'on pouvait bien me réserver un autre type de sanction si on me déclarait coupable de « flotter ». Pourtant, je nourrissais encore l'espoir de parvenir à convaincre que ce n'était pas ce que je faisais.

Arrivé au bureau du *Big Issue*, j'ai présenté la situation et on m'a dit d'attendre.

Bob et moi, nous avons patienté, assis, environ vingt minutes avant d'être reçus. Un jeunot et une femme plus âgée nous ont conduits dans un bureau quelconque et m'ont demandé de fermer la porte derrière moi. J'ai retenu ma respiration, me préparant au pire.

Ils m'ont passé un sacré savon. Ils prétendaient que j'avais enfreint une série de règles de base.

— Les autres vendeurs se plaignent que vous flottez et mendiez.

Je me doutais d'où venaient ces plaintes, mais je n'ai rien dit. Je savais qu'il ne fallait pas que ça prenne des allures de dispute personnelle. Les vendeurs du *Big Issue* étaient supposés s'entendre et si je commençais à déblatérer contre les autres, ça n'allait rien me rapporter. Plutôt que de jouer le revanchard de service, je leur ai expliqué qu'il n'était pas facile de se balader dans les rues de Londres avec Bob sans se faire accoster et se voir offrir de l'argent.

Je leur ai donné quelques exemples. Un gars qui m'avait arrêté à la sortie d'un pub afin d'admirer Bob et m'avait offert un billet de cinq pour trois exemplaires.

— Ce genre de chose arrive tout le temps, leur

ai-je dit. Si quelqu'un m'interpelle à la sortie d'un pub, refuser de lui vendre un magazine serait grossier.

Ils m'ont écouté, compréhensifs, et ont même hoché la tête à certains des arguments que j'avais exposés.

— Nous voyons bien que Bob attire l'attention. Nous avons parlé à plusieurs vendeurs qui ont confirmé qu'il avait un franc succès, a affirmé le jeune homme, la voix teintée de compassion.

Mais quand j'ai eu fini de me défendre, il s'est penché en avant et m'a annoncé la (plutôt) mauvaise nouvelle.

— Eh bien, nous allons tout de même vous adresser un avertissement verbal.

— Oh, OK. Un avertissement verbal, c'est quoi ? ai-je demandé, sincèrement étonné.

Cela ne m'interdisait pas de vendre, mais la sanction allait tomber si j'étais de nouveau pris à flotter.

Je me suis senti un peu bête après. Un avertissement verbal, ce n'était vraiment pas grand-chose. J'avais, à l'évidence, paniqué, et j'avais tout de suite tiré de la situation la pire des conclusions. Je n'avais rien compris à ce qui allait se passer. J'avais eu trop peur de perdre mon travail. Les idées que je m'étais faites d'être traîné devant un comité qui m'arracherait mon badge ne provenaient que de mon imagination. Je n'ai pas du tout envisagé l'absence de gravité de la situation.

Je suis retourné à Covent Garden pour voir Sam, un peu penaud à cause de ce qui s'était passé.

Quand elle nous a revus, Bob et moi, elle nous a gratifiés d'un sourire rassuré.

— Je n'étais pas sûre de vous revoir un jour, a-t-elle lancé. Vous êtes allés au bureau ?

Je lui ai raconté. Je lui ai ensuite montré le papier qu'on m'avait donné à la fin de l'entretien.

— On dirait bien que vous êtes en liberté surveillée pour quelque temps, a-t-elle plaisanté. Tu peux rester travailler après 16 h 30 et les dimanches pendant quelques semaines. Et après, on te confiera de nouveau un service normal. Mais essaye d'éviter les ennuis, OK ? Si quelqu'un te demande un magazine et que tu n'es pas encore à ta place, dis que tu n'en as pas, ou s'il est évident que tu en as, dis qu'ils sont réservés pour tes clients réguliers, et reste en dehors des embrouilles.

Que des bons conseils, bien sûr. Le problème, c'est que d'autres avaient très envie d'« entrer dans les embrouilles ». Et ils ne s'en sont pas privés.

*

* *

Un dimanche après-midi, Bob et moi, on s'est rendus à Covent Garden pour travailler quelques heures. Vu les restrictions qu'on nous imposait, il fallait bien qu'on profite de toutes les occasions possibles de se faire un peu d'argent.

Nous étions assis à côté du stand des coordinateurs sur James Street, quand j'ai soudain senti une présence imposante et plutôt menaçante. C'était un certain Stan.

Stan était bien connu dans le cercle du *Big Issue*. Il travaillait dans la compagnie depuis des années. Le souci avec lui, c'est qu'il était très imprévisible. Quand il était bien luné, c'était le type le plus sympa de la planète, il aurait fait n'importe quoi pour vous, et sans compter.

Il m'avait renfloué à plus d'une reprise en me donnant des magazines gratuits.

Mais quand Stan était de mauvaise humeur, ou pire, soûl, il devenait le pire abruti, agressif et borné, de la planète.

J'ai tout de suite repéré que c'était ce Stan-là qui se tenait devant moi à cet instant.

Stan était grand, un mètre quatre-vingt-dix au bas mot. Il s'est baissé vers moi pour me hurler dans les oreilles.

— T'as rien à faire là ! T'as plus le droit de travailler dans cette zone !

Son haleine dégageait une forte odeur de distillerie.

Il ne fallait surtout pas que je me laisse intimider.

— Si, Sam a dit que je pouvais venir ici le dimanche ou après 16 h 30.

Par chance, un autre gars qui travaillait avec Sam, Peter, se trouvait aussi là et il m'a soutenu, exaspérant Stan au plus haut point.

Il a reculé d'un pas, mais est revenu à la charge de plus belle, m'enveloppant d'un nouvel effluve de whisky. Désormais, il observait Bob fixement et sans aucune sympathie.

— Si ça ne dépendait que de moi, j'étranglerais ce chat sur-le-champ !

Ses paroles m'ont glacé le sang.

S'il avait fait un pas vers Bob, je me serais jeté sur lui. J'aurais défendu mon chat, comme une mère défend son enfant. C'était pareil, Bob était mon bébé. Mais je savais que ça aurait été fatal pour ma carrière au sein du *Big Issue*. Ça aurait été la fin.

Alors, j'ai pris deux décisions. J'ai pris Bob dans mes bras pour me rendre vers un autre emplacement pour l'après-midi. Je n'avais pas l'intention de travailler à côté de Stan quand il était de cette humeur.

Mais je me suis également résolu à m'éloigner de Covent Garden.

Ce serait un crève-cœur. Bob et moi, nous avions nos clients réguliers et en plus de tout, ça avait été un lieu sympa pour bosser. Et pourtant, il fallait se rendre à l'évidence : pour nous, c'était devenu un endroit désagréable et même dangereux. On devait se trouver un quartier de Londres moins compétitif, quelque part où on était moins connus. Un emplacement m'apparut comme une évidence.

À une époque, j'avais chanté autour de la station de métro d'Angel à Islington, avant de m'implanter à Covent Garden. L'endroit n'avait rien à envier à Covent Garden, mis à part le fait qu'il était moins lucratif. Alors, le lendemain, je suis allé rencontrer le coordinateur, un certain Lee, un grand type que je connaissais un peu.

— Tu crois que je peux obtenir une bonne planque ici ? ai-je demandé.

— Eh bien, Camden Passage est souvent bondé, tout comme Green, mais tu peux t'installer devant la station de métro si tu veux. Personne ne court après.

Petit moment de déjà-vu. Perpétuel recommencement. Pour les autres vendeurs du *Big Issue* à Londres, les stations de métro représentent le cauchemar absolu, le pire des endroits pour essayer de refourguer leurs journaux. En théorie, les gens sont trop pressés à Londres et ils ne prennent pas le temps de ralentir, de fouiller dans leur poche pour trouver de la monnaie et acheter un magazine. Ils doivent déjà être ailleurs, ils doivent courir.

Comme je l'avais découvert à Covent Garden, cependant, Bob avait le pouvoir magique de freiner les gens dans leur course. Les usagers du métro l'apercevaient et, soudain, ils oubliaient un peu leur hâte. Comme s'il leur procurait un peu de soulagement, un peu de chaleur et d'amitié dans leurs vies impersonnelles à cent à l'heure. Je suis sûr que beaucoup achetaient le *Big Issue* pour le remercier de leur avoir offert ce moment. Alors je n'ai pas rechigné à prendre cet emplacement réputé difficile, juste devant la station Angel.

On a commencé dès le lundi de la semaine suivante. J'ai quitté les vendeurs de Covent Garden.

Tout de suite, on a réussi à faire ralentir les gens pour saluer Bob. On est vite revenus aux chiffres qu'on réalisait à Covent Garden.

Un soir, une femme très élégante dans son tailleur s'est arrêtée pour nous dévisager tous les deux, vraisemblablement étonnée.

— Vous ne travaillez pas à Covent Garden, vous deux ?

— Plus maintenant, madame, ai-je répondu en souriant. Plus maintenant.

## 16.

## Cœurs d'ange

Le déplacement vers Angel satisfaisait manifestement Bob. Il suffisait que je le voie galoper dans la rue pour le comprendre.

Quand nous descendions du bus à Islington Green, il ne demandait plus à grimper sur mon épaule comme il le faisait avant quand nous arrivions au centre-ville. Au lieu de cela, tous les matins pratiquement, il marchait devant moi d'un pas sûr, descendait Camden Passage, longeait les boutiques des antiquaires, les cafés, les pubs et les restaurants jusqu'au bout d'Islington High Street pour arriver à la grande place pavée devant la bouche du métro.

Parfois, nous devions d'abord passer voir le coordinateur du *Big Issue* au nord de Green, alors nous empruntions une autre route. Dans ce cas, il allait droit dans les jardins au cœur de Green. J'attendais en le regardant fureter dans l'herbe, reniflant en quête de rongeurs, d'oiseaux ou toute autre petite créature naïve sur laquelle il pourrait jeter son dévolu de carnassier. Jusqu'alors, il avait fait chou blanc, mais son enthousiasme demeurait intact et il continuait à fourrer son museau dans tous les coins et les recoins alentour.

Quand nous arrivions enfin à son endroit préféré, devant le marchand de fleurs et le kiosque à journaux, à côté d'un des bancs à l'entrée de la station Angel, il restait debout et me regardait m'installer, plaçant mon sac sur le trottoir et posant dessus un exemplaire du *Big Issue*. Une fois les préparatifs terminés, il s'asseyait, se léchait pour se laver du voyage et se faire beau pour la journée à venir.

J'étais du même avis que Bob. Après tous les soucis que nous avions connus à Covent Garden depuis des années, Islington nous paraissait comme le nouveau départ dont nous avions tous les deux besoin. J'avais le sentiment que nous remettions le pied à l'étrier et que, cette fois, c'était parti pour durer un moment.

Angel était différent de Covent Garden et des rues du West End à plusieurs égards, mais de façon très subtile. Dans le centre de Londres, les rues sont surtout peuplées de touristes et le soir, des fêtards et du public des théâtres et cinémas du coin. Angel était plus calme, mais la station de métro déchargeait et accueillait tout de même un flot important d'usagers tous les jours.

Ce n'était pas du tout le même type de population. Toujours beaucoup de touristes, bien sûr, attirés par les restaurants et les lieux artistiques comme Sadler's West et l'Islington Business Design Centre.

Mais aussi plus professionnelle et, faute d'un meilleur terme, plus « haut de gamme ». Tous les soirs, des hordes de costumes cravates se pressaient autour de la station. Seulement très peu remarquaient le chat roux assis en face de la bouche de métro. La bonne nouvelle, tout de même, c'est que ceux qui le voyaient ralentissaient et prenaient un moment pour admirer Bob. Ils étaient aussi très généreux. J'ai tout de suite remarqué que la vente moyenne et le pourboire habituel à Islington dépassaient de peu ceux de Covent Garden.

Les gens du quartier exprimaient leur générosité d'une autre façon que ceux de Covent Garden. Dès le début pratiquement, beaucoup de monde a commencé à donner à manger à Bob.

La première fois, c'est arrivé lors de notre deuxième et troisième journée. Une femme très bien habillée s'est arrêtée pour bavarder. Elle m'a demandé si nous allions être ici tous les jours à partir de cet instant, ce qui m'a paru assez étonnant comme question. Est-ce qu'elle allait déposer une plainte ? Mais je me trompais complètement. Le lendemain, elle est revenue avec un petit sachet de Sainsbury, du lait pour chats et une boîte de Sheba.

— Tiens pour toi, mon biquet, a-t-elle lancé, joyeuse, en plaçant le sac sur le trottoir devant Bob.

— Je lui donnerai ce soir, à la maison, si ça ne vous dérange pas, ai-je dit en la remerciant.

— Bien sûr, a-t-elle répliqué. Du moment qu'il se régale, c'est tout ce qui compte.

Après ça, de plus en plus d'habitants du quartier se sont mis à donner de quoi manger.

Notre emplacement était au bout d'une rue sur laquelle on trouvait un grand Sainsbury. J'ai vite compris que les gens allaient y faire leurs courses et en sortaient avec une petite gâterie pour Bob. Ils déposaient leur cadeau en rentrant chez eux.

Un jour, quelques semaines seulement après nos débuts à Angel, une dizaine de personnes l'ont fait. À la fin de la journée, je n'ai pas pu faire entrer toutes les boîtes pour chat, briques de lait et conserves de thon et autres poissons dans mon sac à dos. J'ai dû tout mettre dans un grand sac à provisions Sainsbury. Quand je suis retourné à l'appartement, ces petites attentions ont rempli toute une étagère d'un des placards de la cuisine. Ça nous a permis de tenir près d'une semaine.

L'autre différence de taille avec Covent Garden était l'attitude des employés du métro. À Covent Garden, j'étais l'Antéchrist, un vrai paria. Je pouvais compter sur les doigts d'une main les gens avec lesquels j'avais développé une réelle amitié là-bas, au cours des années où j'y avais chanté ou vendu le *Big Issue*. En fait, même une main, c'était trop. Deux doigts maximum.

En revanche, les employés de la station d'Angel se sont montrés vraiment chaleureux et généreux envers Bob dès le début. Un jour, par exemple, le soleil brûlait, les températures avaient dû grimper jusqu'à trente degrés ou plus. Tout le monde circulait en manches courtes, même si on était déjà en automne. Je transpirais à grosses gouttes dans mon jean et mon tee-shirt noirs.

J'ai volontairement placé Bob dans l'ombre du bâtiment derrière nous pour qu'il ne cuise pas. Je savais que la chaleur excessive ne réussit pas aux chats. Une heure après notre installation, je me suis vite rendu compte que j'aurais bientôt besoin d'eau pour Bob. Mais avant que je ne puisse faire quoi que ce soit, une jeune femme est sortie de la station avec un bol en acier propre rempli d'eau fraîche. Je l'ai tout de suite reconnue. Elle s'appelait Davika, une des caissières qui s'était arrêtée pour caresser Bob à plusieurs reprises.

— Tiens, Bob, a-t-elle dit en passant une main affectueuse dans son dos alors qu'elle posait le bol devant lui. On ne veut tout de même pas que tu te déshydrates, hein, mon bonhomme ?

Il s'est tout de suite jeté sur l'eau et a tout lapé en une minute.

Bob avait toujours su plaire aux gens, mais le nombre d'adorateurs qu'il comptait désormais me surprenait. Il s'était gagné la population d'Islington en quelques semaines seulement. Vraiment renversant.

Bien sûr, Angel n'avait rien du paradis. On était toujours à Londres, après tout. Il ne fallait pas s'attendre à de la douceur pure ou de l'harmonie. Le plus gros problème était la concentration de gens qui travaillaient autour de la station.

Contrairement à Covent Garden dont toutes les rues foisonnaient d'activité, à Angel, tout se regroupait autour du métro. Par conséquent, beaucoup d'autres personnes travaillaient dans la rue, de ceux qui distribuaient des journaux gratuitement aux employés des organisations de charité, les « attaquêteurs » comme on les appelait.

C'était le changement le plus flagrant que j'avais constaté depuis dix ans, quand j'avais commencé à bosser dans la rue. La compétition avait flambé. Les attaquêteurs étaient pour la plupart des jeunes gens hyper enthousiastes. Ils devaient coincer les Londoniens et les touristes huppés, et les convaincre d'écouter leur laïus au sujet de la charité. Ensuite, ils les incitaient à signer le formulaire de donation avec un virement direct de leur compte en banque. C'était comme se faire attaquer pour une bonne action, d'où leur nom, « attaquêteurs ».

Dans le lot, on trouvait des associations pour les pays en voie de développement, d'autres pour la santé, cancer, sclérose en plaques, Alzheimer et autres. Je me fichais bien que ces personnes opèrent là, mais c'était leur façon d'accoster les gens qui me dérangeait. J'avais mon propre baratin pour le *Big Issue*, bien sûr. Mais je n'étais jamais aussi insistant et agressif qu'elles. Elles suivaient les passants dans la rue, les forçant à discuter avec elles, quand ils n'en avaient clairement aucune envie.

Et le résultat : certaines personnes sortaient du métro, apercevaient ces démarcheurs fougueux souvent affublés de tee-shirts aux couleurs vives, et piquaient un sprint pour les éviter. Beaucoup pourtant étaient des clients potentiels pour moi, et du coup, c'était vraiment agaçant.

Si quelqu'un faisait vraiment fuir les gens, j'allais lui parler. La plupart des quêteurs acceptaient ce que j'avais à leur dire. En général, ils me respectaient, moi et mon espace. Mais d'autres n'en avaient rien à cirer.

Un jour, je me suis violemment disputé avec un jeune étudiant hirsute. Il énervait vraiment les passants et leur collait aux basques quand ils essayaient de se défaire de lui. J'ai décidé de lui faire la remarque.

— Eh, tu nous rends vraiment la vie difficile, à nous autres qui travaillons ici, ai-je dit, le plus poliment possible. Tu peux aller un peu plus loin, s'il te plaît, qu'on respire un peu ?

Ça l'a vraiment mis en boule.

— J'ai le droit d'être ici. T'as pas à me dire ce que j'ai à faire, je fais ce que je veux.

Si vous voulez vous mettre quelqu'un à dos, il suffit de proférer des paroles pareilles. Alors je lui ai tout de suite précisé que pendant qu'il essayait de se faire un peu d'argent de poche pour ses vacances, je gagnais ma vie pour payer les factures et garder un toit sur nos têtes, à moi et à Bob.

Il a eu l'air de tomber des nues.

Les autres personnes qui m'irritaient vraiment étaient celles qui distribuaient tous les magazines gratuits qu'on trouve de nos jours. Certains, comme *StyleList* et *ShortList*, étaient en fait de très bonne qualité. Du coup, je ne pouvais m'empêcher de m'interroger : pourquoi est-ce que les gens paieraient pour mon magazine alors qu'ils pouvaient s'en procurer gratuitement ?

Donc chaque fois qu'un de ces types approchait de ma zone, j'essayais de le lui expliquer. Je ne tergiversais pas.

— On a tous besoin de travailler, alors, s'il te plaît, reste un peu à distance pour que je puisse vendre.

Ça ne marchait pas toujours, malheureusement, souvent parce que ces gars-là parlaient souvent une autre langue que l'anglais et ne me comprenaient pas. J'essayais de leur expliquer la situation, mais en vain. D'autres ne voulaient simplement pas écouter mes jérémiades.

Mais les plus horripilants étaient de loin les bénévoles avec des seaux qui collectaient de l'argent pour la dernière cause à la mode.

Encore une fois, je compatissais avec presque toutes les causes qu'ils défendaient : l'Afrique, l'écologie, les droits des animaux. Vraiment tout, super. Mais si ce que j'avais entendu était vrai et que l'argent passait des seaux à leur poche, je n'adhérais plus du tout. Beaucoup n'avaient ni permis ni aucune autre forme d'accréditation. Si on regardait leur badge usé autour de leur cou, ils auraient aussi bien pu sortir d'une fête d'anniversaire. Ils avaient vraiment l'air d'amateurs.

Et pourtant, malgré tout ça, ils étaient autorisés à l'intérieur du métro, un lieu absolument prohibé pour les vendeurs du *Big Issue*. Ça me mettait vraiment en rogne quand je voyais un de ces types à l'entrée du métro, en train de harceler les passants. Parfois, ils se plantaient juste derrière les tourniquets. Quand ils sortaient de la station, les usagers n'étaient plus du tout en état d'acheter un magazine.

Les rôles s'inversaient en quelque sorte. À Covent Garden, j'avais été le malfrat qui enfreignait la loi parce qu'il ne restait pas à la place qu'on lui avait attribuée. Maintenant, c'était moi qui en pâtissais.

J'étais le seul vendeur agréé du coin en dehors de la station. Et j'avais étudié les zones où je pouvais ou ne pouvais pas me rendre sans empiéter sur l'espace vital d'un autre vendeur, marchands de journaux et fleuristes en particulier. Les attaquêteurs, colporteurs et bénévoles avec leurs seaux se moquaient bien des règles. Je suppose que certains auraient trouvé ça comique mais, la plupart du temps, l'humour de la situation m'échappait, je dois bien l'avouer.

# 17.

## Quarante-huit heures

Le jeune docteur à l'unité de traitement de la dépendance a griffonné sa signature en bas de l'ordonnance qu'il m'a tendue, le visage complètement fermé.

— Donc, vous prenez ça et après vous revenez me voir au moins quarante-huit heures plus tard, quand vous sentirez vraiment les premiers symptômes du manque, a-t-il dit en soutenant mon regard. Ça va être dur, mais ce sera encore bien plus dur si vous ne respectez pas mes recommandations. D'accord ?

— D'accord, je comprends, ai-je acquiescé en sortant de la pièce. J'espère juste y parvenir. À bientôt, alors.

C'était deux mois après que j'avais parlé pour la première fois d'arrêter la méthadone. Je pensais être prêt, mais apparemment, mes conseillers et docteurs ne le voyaient pas du même œil. À chaque consultation, ils repoussaient l'échéance. Je ne recevais aucune explication. Enfin, ils avaient décidé qu'il était temps : j'étais entré dans la dernière phase de désintoxication totale.

Le médecin m'avait prescrit ma dernière ordonnance de méthadone. C'est la méthadone qui m'avait aidé à surmonter ma dépendance à l'héroïne. Mais j'avais tellement diminué les doses que le moment était venu que j'arrête complètement.

Quand je retournerais à l'unité deux jours plus tard, je recevrais son substitut bien plus léger, le Subutex, qui me soulagerait définitivement de la dépendance à la drogue. Le conseiller m'avait décrit le processus comme un atterrissage en aéroplane, et je trouvais que c'était une bonne analogie. Les mois suivants, il baisserait graduellement le dosage jusqu'à ce que je ne prenne plus rien. Alors, petit à petit, je toucherais terre, j'atterrirais, avec un peu de chance, en douceur.

En attendant l'ordonnance ce jour-là, je n'ai pas trop réfléchi aux implications de cette décision. Les pensées qui se bousculaient dans ma tête concernaient ce qui se passerait au cours des quarante-huit heures suivantes.

Le conseiller m'avait très clairement expliqué les risques. Décrocher de la méthadone n'était pas simple. En fait, c'était tout le contraire. J'avais connu les convulsions et le manque, tous les symptômes physiques et psychiques. Il fallait que j'attende qu'ils redeviennent sévères avant de retourner au centre de traitement pour recevoir ma première dose de Subutex. Si je ne le faisais pas, je m'exposais à ce qu'on appelle un sevrage précipité. En gros, bien pire. Je n'arrêtais pas d'y penser.

J'étais confiant à cette période, je sentais que je pouvais y arriver. En même temps, je savais bien que l'échec n'était pas exclu et que je risquais de rechercher un moyen d'aller moins mal. Mais je me répétais sans cesse qu'il fallait que je saute le pas, qu'il fallait que je franchisse ce dernier obstacle. Sinon, ça n'aurait pas de fin, rien ne changerait jamais.

Cette réalité m'avait enfin frappé. Je vivais ainsi depuis dix ans. Une grande partie de ma vie avait filé entre mes doigts. J'avais perdu tellement de temps à regarder les jours disparaître. Quand vous devenez dépendant à la drogue, les minutes deviennent des heures et les heures, des jours. Tout s'écoule sans substance, le temps n'existe plus, vous ne vous en préoccupez que quand le besoin d'une autre injection se fait sentir. En fait, vous vous en fichez jusqu'à la dernière minute.

Mais c'est là que ça devient vraiment horrible. Alors, tout ce qui reste en tête, c'est de se faire de l'argent pour se procurer une nouvelle dose. J'avais beaucoup progressé depuis que j'avais touché le fond, des années plus tôt. L'unité de traitement des dépendances m'avait bien aidé. Mais je n'en pouvais plus, de devoir me rendre à la pharmacie tous les jours, et à la clinique deux fois par mois, de devoir prouver que je ne m'étais pas piqué. Ça ne pouvait plus durer. Je voulais vraiment passer à autre chose.

D'une certaine façon, je rendais l'épreuve plus dure encore en insistant pour m'y atteler seul. On m'avait à plusieurs reprises proposé de rejoindre les Narcotiques Anonymes, mais leur programme en douze étapes ne me plaisait pas. Je n'adhérais pas à cette philosophie quasi religieuse. C'était presque comme s'il fallait s'en remettre à une puissance supérieure. Ça ne me convenait pas.

Je me rendais bien compte que je n'avais pas pris le chemin le plus simple. Mais je ne me sentais plus seul, maintenant que j'avais Bob.

Comme d'habitude, je ne l'ai pas emmené avec moi à la clinique. Je ne voulais pas lui faire connaître cet endroit. Cette partie de ma vie, je n'en étais pas fier, même si j'avais conscience des progrès spectaculaires que j'avais accomplis depuis ma première visite.

Quand je suis rentré, il était heureux de me voir, surtout parce que je m'étais arrêté au supermarché sur la route pour lui acheter un sac rempli de friandises destinées à nous faire tenir les deux jours suivants. Tous ceux qui essaient de se défaire d'une accoutumance savent comment c'est. Qu'on essaie d'arrêter la cigarette ou l'alcool, les quarante-huit premières heures sont les plus difficiles. Vous avez tellement l'habitude de prendre votre dose que vous ne pouvez penser à rien d'autre. Et ce qu'il faut, justement, c'est penser à autre chose. Et j'espérais que ça y contribuerait. Heureusement que j'avais Bob avec moi pour m'y aider.

À midi ce jour-là, nous avons déjeuné devant la télé et nous avons attendu.

La méthadone agit en général vingt heures environ. Du coup, la première partie de la journée est passée sans problème. Bob et moi, nous avons beaucoup joué et on est sortis se balader pour qu'il fasse ses besoins. J'ai fait une partie d'une vieille version de « Halo 2 » sur ma Xbox. Jusque-là, tout allait comme sur des roulettes. Je savais que ça ne durerait pas.

Dans *Trainspotting*, on trouve certainement la meilleure représentation d'un état de manque, quand le personnage que joue Ewan McGregor, Renton, essaye de se sevrer tout seul de l'héroïne. Il est enfermé dans une chambre avec des réserves de nourriture et d'eau pour quelques jours, et il reste seul à se débrouiller. Il traverse la plus éprouvante des expériences physiques et mentales, avec des convulsions, des hallucinations et des vomissements. La totale. Tout le monde se souvient de la scène où il imagine qu'il escalade la cuvette des toilettes.

Ce que j'ai éprouvé au cours de ces quarante-huit heures était dix fois pire.

Les premiers symptômes du manque sont apparus juste vingt-quatre heures après ma dernière dose de méthadone. Huit heures plus tard, je transpirais abondamment et je me sentais très agité. On était au milieu de la nuit et j'aurais dû être en train de dormir. Je piquais du nez de temps en temps, mais j'étais conscient la plupart du temps. Un sommeil étrange, plein de rêves, ou pour être plus précis, d'hallucinations.

Difficile de se souvenir exactement, mais je me rappelle avoir rêvé que je me procurais de l'héroïne. Ces rêves revenaient sans arrêt et toujours de la même façon : je me procurais de l'héroïne, je commençais à la préparer, mais je n'arrivais pas à trouver de seringue, ou je l'achetais et je me faisais arrêter par la police avant de pouvoir l'utiliser. C'était étrange. Manifestement, mon corps enregistrait le sevrage à cette substance qu'il avait reçue toutes les douze heures environ. Mais mon inconscient essayait également de me persuader que ce serait une bonne idée de recommencer à l'utiliser. Dans mon esprit, une guerre de volontés contradictoires faisait rage. Presque comme si je n'étais qu'un spectateur, et que je voyais tout cela arriver à quelqu'un d'autre.

Incroyable. Décrocher de l'héroïne, des années plus tôt, n'avait pas été aussi douloureux. La transition vers la méthadone s'était plutôt faite de manière tranquille. Mais là, l'expérience n'avait rien à voir.

Le temps n'avait plus aucune signification, mais le lendemain matin, une forte migraine m'a pratiquement assommé. La lumière et le bruit m'insupportaient.

J'avais essayé de rester assis dans le noir, mais alors je rêvais ou j'hallucinais et je ne voulais qu'une chose : m'enfuir. Un cercle vicieux.

Ce qu'il me fallait surtout, c'était un sujet de diversion et Bob m'a fourni ma planche de salut.

Il m'arrive de me demander si avec Bob, on a une sorte de pouvoir de télépathie. Il pouvait clairement lire dans mes pensées parfois, et c'est ce qu'il semblait faire à ce moment-là. Il savait que j'avais besoin de lui, alors il ne me lâchait pas d'un pouce, me suivant partout, se frottant contre moi quand je l'y invitais, mais restant à l'écart pendant les crises.

On aurait dit qu'il savait ce que j'éprouvais. Parfois, je hochais la tête et il accourait pour placer la tête tout près de la mienne, comme pour dire : « Tout va bien, mon pote ? Je suis là si tu as besoin de moi. » D'autres fois, il se contentait de rester assis à côté de moi, à ronronner, taper sa queue sur ma jambe et me lécher le visage de temps en temps. Alors que j'oscillais entre délires et hallucinations, il me servait d'ancrage à la réalité.

À d'autres points de vue aussi, c'était un ange tombé du ciel. Tout d'abord, il me fournissait quelque chose à faire. Il fallait que je le nourrisse régulièrement et je n'y manquais pas. Le fait d'aller dans la cuisine, de décapsuler une boîte, de la verser dans la gamelle était ce qu'il me fallait pour oublier un peu mon état. Je n'avais pas la force de l'accompagner en bas pour qu'il se soulage, mais quand j'ouvrais la porte, il se ruait dehors et revenait en ce qu'il me semblait quelques minutes à peine. Il montrait bien qu'il ne voulait pas me quitter.

À certains moments, je ne me sentais plus aussi mal. Le matin du deuxième jour, par exemple, pendant deux heures, j'allais bien mieux. On a beaucoup joué, avec Bob. J'ai même lu un peu. Pas facile, mais ça m'aidait à penser à autre chose. J'ai lu le témoignage très intéressant d'un Marine qui sauvait des chiens en Afghanistan. Cela faisait du bien, de réfléchir à ce qui se passait dans la vie de quelqu'un d'autre.

L'après-midi et le soir du deuxième jour, cependant, les symptômes du manque battaient de nouveau leur plein. Le plus insupportable, c'était l'épreuve physique. On m'avait prévenu du syndrome des impatiences dans les jambes. On éprouve en fait comme des décharges électriques qui empêchent de s'asseoir. Dès que j'essayais de me poser, mes jambes tressautaient. Ça a beaucoup impressionné Bob. Il m'a jeté quelques regards inquiets. Mais il ne s'est pas enfui pour autant. Il est resté à mes côtés.

Cette nuit-là a constitué la pire épreuve. Je ne pouvais pas regarder la télé parce que la lumière et le bruit me torturaient. Mais dans le noir, mon esprit s'emballait, traversé d'un tas de pensées démentes et parfois effrayantes. Mes jambes sautaient dans tous les sens, je passais du chaud au froid. Tantôt je brûlais comme dans un fourneau, tantôt j'étais glacé. La transpiration qui enveloppait mon corps refroidissait et je me mettais à claquer des dents et à grelotter. Alors je me couvrais et, de nouveau, je suffoquais. Un cycle affreux.

De temps en temps, je traversais des moments de lucidité et de clairvoyance. J'ai même pensé un instant que je comprenais pourquoi les gens ont tellement de mal à se défaire de leurs mauvaises habitudes. C'est physique autant que mental. La bataille qui fait rage dans votre esprit est très inégale. Les forces de l'accoutumance sont nettement plus fortes que celles qui essayent de renoncer à la dépendance.

À un autre moment, j'ai vu les dix années qui venaient de s'écouler et ce que la toxicomanie m'avait fait. J'ai vu, et parfois j'ai même senti, les allées et les ruelles où je m'étais endormi, les hôtels où j'avais craint pour ma vie, les horreurs que j'avais commises en les justifiant par mon besoin d'acheter encore une dose pour tenir les douze heures suivantes. J'ai clairement compris à quel point la drogue avait détruit ma vie.

Et j'ai eu aussi des pensées étranges, presque surréalistes. Par exemple, je me suis dit que si je me réveillais amnésique, ce serait beaucoup plus facile, parce que mon corps ne saurait pas qu'il devait ressentir du manque. Beaucoup de mes problèmes venaient pourtant du fait que mon corps savait parfaitement ce qui n'allait pas et ce que je devais faire pour arranger ça. Je dois l'avouer, j'ai eu des moments de faiblesse, durant lesquels j'ai vraiment hésité à me procurer de l'héroïne. Mais j'ai réussi à combattre la tentation assez facilement. C'était ma chance de décrocher, peut-être ma dernière chance. Il fallait que je sois fort et que je la saisisse. Les diarrhées, les crampes, les vomissements, les maux de tête, les différences de température, il fallait que je supporte tout ça.

La deuxième nuit m'a paru interminable. Je regardais l'horloge et j'avais l'impression qu'elle tournait à l'envers. Dehors, l'obscurité semblait de plus en plus épaisse, plutôt que de s'effacer avec l'approche du matin. C'était affreux.

Mais j'avais mon arme secrète. Bob m'agaçait parfois. À un moment, j'étais allongé, le plus immobile possible pour m'isoler du monde extérieur, et soudain,

Bob s'est accroché à ma jambe, enfonçant ses griffes dans ma peau, douloureusement.

— Bob, qu'est-ce que tu fiches, bon sang ? ai-je crié, un peu trop agressif, et le faisant sursauter.

J'ai tout de suite été envahi d'une vague de culpabilité.

J'imagine qu'il a eu peur en me voyant complètement figé et qu'il s'assurait que j'étais encore en vie. Il se faisait du souci pour moi.

Enfin, une petite lumière grisâtre a commencé à filtrer par la fenêtre, signalant que le matin arrivait. Je me suis extirpé du lit et j'ai consulté l'heure. Presque 8 heures. Je savais que la clinique ouvrait à 9 heures. Je ne pouvais plus attendre.

J'ai éclaboussé mon visage d'un peu d'eau. J'ai trouvé la sensation insupportable. Dans le miroir, j'ai vu que j'avais l'air au bout du rouleau et mes cheveux étaient gras et hirsutes. Mais je n'allais pas m'en préoccuper à cet instant. J'ai enfilé des vêtements et je suis parti directement vers l'arrêt du bus.

Se rendre à Camden depuis Tottenham à cette heure de la journée est toujours une épreuve. Ce jour-là, ça m'a semblé encore bien pire. Tous les feux étaient rouges, toutes les rues étaient bondées. Un voyage en enfer.

Alors que j'étais assis dans le bus, j'éprouvais toujours ces bouffées de chaleur et de froid, transpirant par moments, grelottant à d'autres, mes membres s'agitaient encore de temps en temps, mais pas autant que dans le courant de la nuit. Les gens me dévisageaient comme si j'étais un cinglé. J'étais sûrement dans un état épouvantable. Mais là, ça me passait vraiment au-dessus de la tête. Je voulais juste arriver à la clinique.

Je suis arrivé un peu après 9 heures et j'ai trouvé la salle d'attente déjà à moitié remplie. Une ou deux personnes avaient l'air aussi mal en point que moi. Je me suis demandé si elles venaient aussi de passer quatre-huit heures au purgatoire.

— Bonjour, James, comment allez-vous ? a demandé le conseiller en m'accueillant dans la salle de consultation.

Il lui suffisait de me regarder pour connaître la réponse, bien sûr, mais je lui étais reconnaissant pour sa sollicitude.

— Pas génial.

— Bravo d'avoir réussi à traverser ces deux derniers jours. C'est une étape décisive, a-t-il complimenté en souriant.

Il m'a ausculté et m'a prélevé un échantillon d'urine. Ensuite, il m'a donné un comprimé de Subutex et a rédigé une nouvelle ordonnance, cette fois pour du Subutex.

— Vous devriez aller beaucoup mieux avec ça. Maintenant, on va essayer de vous soulager et de vous chasser d'ici définitivement.

Je suis resté dans la clinique le temps que le personnel médical s'assure que la nouvelle substance ne me provoquait aucun effet secondaire. Et non. Tout le contraire, même : je me sentais déjà mille fois mieux.

Quand je suis revenu à Tottenham, j'étais un autre homme. La sensation n'était pas la même qu'avec la méthadone. Le monde semblait plus net. Comme si j'entendais, je sentais et je voyais plus clairement. Les couleurs étaient plus vives, les sons plus audibles. C'était étrange. Mais d'une certaine façon, je me sentais plus vivant.

Je me suis arrêté sur le chemin pour acheter à Bob le

dernier Sheba qui venait de sortir sur le marché. Je lui ai aussi pris un petit jouet, une souris en caoutchouc.

De retour dans l'appartement, je lui ai fait la fête.

— On a réussi, mon gars ! C'est gagné !

Mon impression d'accomplissement me dépassait. Les jours qui ont suivi, le changement dans ma vie et ma santé était stupéfiant. Comme si quelqu'un avait ouvert les rideaux pour déverser de la lumière dans mon existence.

Et d'une certaine façon, c'était le cas.

## 18.

## Sur le chemin du retour

Je ne pense pas que Bob et moi aurions pu être plus proches, mais l'expérience que nous venions de traverser a encore consolidé notre lien. Les jours qui ont suivi, il ne m'a pas lâché, comme s'il s'assurait que je ne fasse pas une rechute.

Pas de danger, cependant. Je me sentais mieux que depuis des années. L'idée de retourner à mes mauvaises habitudes passées me donnait la chair de poule. J'étais allé trop loin, maintenant, pour faire demi-tour.

J'ai décidé de célébrer ma réussite en retapant un peu l'appartement. Alors Bob et moi, on a passé quelques heures de plus en face de la station de métro et on a utilisé l'argent qu'on gagnait en plus pour acheter de la peinture, quelques coussins et une ou deux affiches pour décorer les murs.

Ensuite, je suis allé dans un magasin de meubles d'occasion à Tottenham pour acheter un joli canapé. Un tissu épais, rouge bordeaux, qui avec un peu de chance résisterait aux assauts de Bob. L'ancien était ravagé jusqu'à la moelle, en partie à cause de l'usure du temps, mais aussi à cause des coups de griffes réguliers. Bob n'avait pas l'autorisation d'abîmer le nouveau.

Comme les semaines défilaient et que les nuits se faisaient de plus en plus sombres et froides, nous passions beaucoup de temps blottis sur le canapé. Je me faisais déjà une joie de connaître un autre bon Noël avec Bob, même si c'était un peu prématuré, comme je l'ai compris plus tard.

Je ne recevais pas souvent autre chose que des factures, alors quand j'ai vu une lettre dans ma boîte, dans le couloir, un matin du début de novembre 2008, je l'ai tout de suite remarquée. Une enveloppe envoyée par avion avec un cachet : Tasmanie, Australie.

Ça venait de ma mère.

Nous n'avions plus été en contact depuis des années, et pourtant, malgré la distance qui s'était creusée entre nous, la lettre était très loquace et chaleureuse. Elle m'expliquait qu'elle avait déménagé dans une nouvelle maison en Tasmanie, elle semblait très heureuse.

Mais la raison principale de son courrier était une invitation. « Si je te paye le billet aller-retour, est-ce que tu accepterais de venir me rendre visite ? » demandait-elle. Elle me proposait de venir pendant les vacances de Noël. On pourrait même partir à Melbourne voir mes grands-parents, auxquels j'avais autrefois été très attaché. « Tu me diras : "Je t'aime, maman" », concluait-elle.

À une époque, j'aurais jeté cette lettre à la poubelle. Je me serais montré provocateur et têtu, et bien trop fier pour accepter la main tendue d'un membre de ma famille.

Mais j'avais changé, je ne voyais plus les choses de la même façon, désormais. J'ouvrais les yeux sur le monde et je commençais même à prendre conscience de la colère et de la paranoïa que j'avais éprouvées par le passé. Alors je me suis dit que j'allais réfléchir.

Ce n'était pas une décision facile, loin de là. Il fallait prendre en considération toute une liste de pour et de contre.

Le pour principal, bien sûr : l'occasion de revoir ma mère. Quels qu'aient été les hauts et les bas que nous avions connus, elle restait toujours ma mère et elle me manquait.

Nous avions été en contact à quelques rares reprises depuis que j'avais atterri dans la rue. Je ne lui avais jamais complètement avoué ce qui m'était arrivé. Nous ne nous étions vus qu'une seule fois depuis dix ans, au cours d'un bref séjour qu'elle avait fait en Angleterre. Je l'avais retrouvée dans un pub à côté d'Epping Forest, j'avais pris la District Line pour m'y rendre et avais passé trois ou quatre heures avec elle. Quand je n'étais pas revenu en Australie comme prévu après six mois, je lui avais servi un bobard au sujet d'un groupe de musiciens que j'avais formé à Londres, et je lui avais dit que je ne pouvais pas les quitter alors qu'on était sur le point de réussir.

J'avais maintenu ma version quand je l'avais vue dans le pub.

Je m'étais senti coupable de lui mentir ainsi, mais je n'avais eu ni la force ni le courage de lui révéler que j'avais dormi dans la rue, que j'étais accro à l'héroïne et qu'en somme, je gâchais ma vie.

Je ne sais pas du tout si elle m'a cru ou non. À cette période de ma vie, je n'en avais rien à faire.

Nous avions reparlé de temps en temps après ça, mais il m'arrivait souvent de passer des mois avant de reprendre contact avec elle, ce qui, à l'évidence, l'avait beaucoup peinée.

Elle avait déployé des efforts incroyables pour me retrouver à de nombreuses reprises. Je n'ai pas pensé à l'appeler après les attentats de Londres en juillet 2005. Heureusement, je ne me trouvais pas du tout aux endroits où avaient eu lieu les explosions, mais ma mère, à des milliers de kilomètres, n'avait eu aucun moyen de le savoir. Nick, avec qui elle vivait toujours, faisait partie des forces de police de Tasmanie à cette époque. Il avait réussi à convaincre un membre de la Met de leur rendre service. On m'a recherché sur les fichiers et des officiers sont venus un matin dans mon hôtel à Dalston.

Ils m'ont fichu une sacrée frousse quand ils ont frappé à ma porte.

— Ne vous en faites pas, vous n'avez rien fait de mal, avait lancé l'un d'eux quand j'avais ouvert la porte, terrorisé. Deux personnes à l'autre bout du monde voudraient savoir si vous êtes en vie.

J'avais été tenté de faire une blague en disant qu'ils avaient failli me faire avoir une crise cardiaque. Ils n'avaient pas l'air si ravis que ça de la mission qu'on leur avait confiée.

J'avais appelé maman pour la rassurer. Je ne m'étais même pas imaginé que quelqu'un se ferait du souci pour moi, ce n'était pas ma façon de voir les choses, à cette époque. J'étais seul au monde et je ne me préoccupais que de ma propre survie. Mais désormais, je n'étais plus le même.

L'autre point positif évident, c'était que j'aurais des vacances sympa au soleil, ce que je n'avais pas connu depuis des années à Londres, et en travaillant surtout le soir. J'étais encore éprouvé par mon changement de médication et je savais que quelques jours de repos me feraient le plus grand bien. Ma mère m'avait écrit qu'elle vivait dans une petite ferme au milieu de nulle part au bord d'une petite rivière. Un cadre idyllique. L'Australie, ou plus précisément le paysage australien, occupait depuis toujours une place unique dans mon cœur. Me reconnecter avec ce pays apaiserait mon âme, aussi.

La liste des pour était longue. Mais celle des contre, encore plus. Et tout en haut figurait mon inquiétude principale : Bob. Qui s'occuperait de lui ? Comment pouvais-je être sûr qu'il m'attendrait ? Est-ce que je voulais vraiment être séparé de mon compagnon pendant plus d'une semaine ?

J'ai presque immédiatement trouvé une réponse à la première question.

Dès que je lui en ai parlé, Belle s'est portée volontaire pour le garder chez elle. Je lui faisais entièrement confiance pour veiller sur lui. Mais je me demandais toujours quel effet cela aurait sur Bob.

L'autre souci de taille : l'argent. Ma mère me proposait peut-être de me payer le billet, mais je ne pourrais pas entrer en Australie sans argent. J'ai fait quelques recherches pour découvrir qu'on ne me laisserait pénétrer sur le territoire qu'avec cinq cents livres en poche, au minimum.

J'ai passé quelques jours à peser le pour et le contre, et j'ai fini par pencher pour ce voyage. Pourquoi pas ? Le dépaysement et le soleil, que demander de plus ?

J'avais du pain sur la planche. Pour commencer, il me fallait un nouveau passeport, ce qui n'était pas si facile vu la tournure que ma vie avait prise ces dernières années. Une assistante sociale m'a donné un coup de main pour me procurer les différents papiers nécessaires, y compris un certificat de naissance.

Ensuite, je devais me renseigner sur les vols. Le meilleur *deal*, et de loin, était celui que proposait Air China avec escale à Beijing, avant d'atterrir à Melbourne. Le voyage était bien plus long avec plusieurs heures en Chine, mais c'est ce qu'on trouvait de moins cher sur le marché. Ma mère m'avait communiqué son adresse électronique. Je lui ai envoyé un message avec tous les détails, sans oublier mon numéro de passeport. Quelques jours plus tard, j'ai reçu un mail de confirmation du site Web sur lequel elle avait réservé mon billet. J'étais en bonne voie.

Tout ce qu'il me restait à faire à présent, c'était réunir cinq cents livres. Un jeu d'enfant.

Le vol pour lequel j'avais opté partait pour l'Australie la première semaine de décembre. Et donc, au cours des quelques semaines qui ont précédé mon départ, j'ai travaillé toutes les heures de la journée par tous les temps. Bob m'accompagnait le plus souvent, mais je le laissais quand même à la maison quand il pleuvait trop fort. Je savais qu'il n'aimait pas la pluie et je ne voulais pas risquer de lui faire prendre froid avant mes vacances. Je ne pourrais pas partir en Australie le sachant malade.

Je me suis mis à économiser un peu d'argent dans une petite théière que j'avais trouvée. Petit à petit, elle s'est remplie. À l'approche du départ, j'avais accumulé suffisamment.

Je suis parti à Heathrow le cœur lourd. J'avais dit au revoir à Bob dans l'appartement de Belle. Il n'avait pas paru trop inquiet, mais il n'avait aucun moyen de savoir que je resterais au loin pendant six semaines.

Bien sûr, il serait bien chez Belle, mais ça ne m'empêchait pas de me tracasser. J'étais vraiment devenu un papa poule.

Si j'avais imaginé que mon voyage en Australie serait une aventure tranquille et reposante, je me fourrais vraiment le doigt dans l'œil. Les trente-six heures qu'il m'a fallu pour arriver furent un vrai cauchemar.

Ça avait plutôt bien commencé. Le vol Air China jusqu'à Beijing a duré onze heures et s'est passé sans accroc. J'ai regardé le film proposé et j'ai mangé le repas, mais je n'ai pas réussi à dormir parce que je ne me sentais pas si bien que ça. En partie à cause de mon nouveau médicament, mais aussi à cause du temps humide de Londres. Peut-être que j'avais passé trop d'heures à vendre le *Big Issue* sous des trombes de pluie. J'avais un gros rhume et je n'ai pas arrêté de me moucher pendant tout le vol. Je recevais quelques regards contrariés des hôtesses de l'air et de mes voisins quand j'éternuais, mais je m'en fichais bien jusqu'à l'atterrissage à Beijing.

Alors que nous roulions vers le terminal, nous avons entendu une annonce du capitaine dans le haut-parleur. Tout d'abord en chinois, mais suivie d'une traduction anglaise. En gros, il nous priait de rester attachés jusqu'au moment où on nous demanderait de quitter l'avion.

« Bizarre », ai-je pensé.

Nous avons alors vu débarquer deux policiers chinois avec des masques sur leurs visages. Ils descendaient l'allée, droit vers moi. En arrivant à ma hauteur, l'un d'eux a sorti un thermomètre.

Une hôtesse de l'air s'est approchée pour traduire.

— Ces hommes représentent les forces de police

du gouvernement chinois. Ils doivent prendre votre température.

— D'accord, ai-je acquiescé, conscient que ce n'était pas le moment d'argumenter.

J'ai ouvert la bouche tandis qu'un des deux hommes vérifiait l'heure sur sa montre. Ils ont grommelé quelques mots en chinois, puis l'hôtesse s'est tournée vers moi.

— Il faut que vous suiviez ces hommes pour passer une visite médicale de contrôle.

On était en 2008, en pleine épidémie de grippe aviaire. La Chine se montrait particulièrement sensible sur le sujet, j'avais regardé un reportage quelques jours plus tôt au sujet de la façon dont on refusait l'entrée sur le territoire à la moindre suspicion d'infection. Beaucoup de passagers étaient placés en quarantaine et on les y gardait pendant des jours.

Par conséquent, je redoutais un peu ce qui allait se passer. Je me voyais déjà enfermé dans une cellule d'isolement pendant un mois.

Ils m'ont infligé une série de tests, de la prise de sang au prélèvement de salive. Ils ont sûrement trouvé un tas de bricoles passionnantes, mais aucune trace de la grippe ni de quoi que ce soit de contagieux. Après quelques heures, un agent m'a permis de partir, sans même s'excuser vraiment.

Le problème, c'était qu'il fallait que je retrouve ma correspondance et que j'étais perdu dans le gigantesque aéroport de Beijing aux allures de hangar.

J'avais trois heures devant moi pour retrouver mes valises et mon vol. Je n'avais plus mis les pieds dans un aéroport depuis des années, j'avais oublié comme c'était grand et impersonnel, surtout celui-là. Je devais prendre un train vers une autre partie du terminal 3.

Après quelques loupés, j'ai trouvé mon vol moins d'une heure avant le décollage.

J'ai soufflé quand je me suis installé à ma place et j'ai dormi comme un loir jusqu'à Melbourne, parce que j'avais été mis à rude épreuve. Mais une fois arrivé, je n'étais pas au bout de mes peines.

En approchant de la sortie, j'ai senti un labrador qui reniflait frénétiquement mon sac.

— Excusez-moi, monsieur, vous voulez bien nous suivre ? a lancé un douanier.

— Oh bon sang, ai-je marmonné. Je ne vais jamais réussir à voir ma mère.

On m'a amené dans une salle où on a commencé à fouiller mes affaires. Ensuite, on a passé sur ma valise un détecteur électronique de drogue. Je voyais à l'expression des visages des douaniers qu'ils avaient trouvé quelque chose.

— Votre bagage a été testé positif à la cocaïne, m'a annoncé l'officier.

J'étais sidéré. Ça ne pouvait pas être vrai. Je n'avais jamais pris de cocaïne de ma vie et ne connaissais personne qui en prenait. Aucun de mes amis ne pouvait se le permettre.

Mais finalement, il s'est avéré que j'avais le droit d'en posséder pour mon usage personnel.

— Si vous en consommez régulièrement, mais n'en faites pas le trafic, il suffit que vous nous le disiez.

J'ai expliqué ma situation.

— Je suis un programme de désintoxication, et par conséquent je ne prends plus rien, ai-je lancé.

Je leur ai montré une lettre de mon docteur exposant pourquoi on m'avait prescrit du Subutex.

Ils ont fini par abdiquer, me laissant partir sans omettre de me faire encore une fois la leçon. J'ai finalement passé la douane une heure après l'atterrissage. Il fallait que j'embarque dans un autre avion encore, vers la Tasmanie ; un trajet de quelques heures. Il faisait déjà nuit quand j'ai enfin atteint ma destination, exténué.

Revoir ma mère était extraordinaire. Elle attendait à l'aéroport de Tasmanie et m'a pris longtemps dans ses bras. Elle pleurait. Elle était heureuse de me voir en vie, je pense.

À moi aussi, ça m'a fait vraiment plaisir de la voir, mais je n'ai pas pleuré.

Sa maison était tout aussi adorable qu'elle me l'avait décrite dans sa lettre. Un *bungalow* spacieux avec un grand jardin à l'arrière. Des fermes l'entouraient, et une rivière passait en bas de son terrain. Un cadre très tranquille et pittoresque. Au cours du mois suivant, je suis resté sur place, me reposant, me rétablissant et reprenant des forces.

Après quelques semaines, je me sentais beaucoup mieux. L'anxiété de Londres était, littéralement, à des milliers de kilomètres, mille six cents pour être précis. L'instinct maternel de ma mère a ressurgi et elle a veillé à ce que je sois bien nourri. Je sentais que je recouvrais la santé et aussi que ma mère et moi faisions tout pour réparer notre relation.

Au début, nous n'avons pas beaucoup parlé, mais avec le temps, j'ai commencé à m'ouvrir. Un soir, alors que nous étions assis dans la véranda, à regarder le soleil se coucher, j'ai bu quelques verres et tout à coup, j'ai tout déballé. Pas un aveu de cinéma. Sans trompette ni tambour. J'ai juste parlé… et parlé.

Les vannes émotionnelles ne demandaient qu'à s'ouvrir depuis un moment. Pendant des années, je m'étais drogué pour échapper à mes émotions, ou plutôt pour m'assurer que je ne ressentais rien. Lentement, mais sûrement, j'avais changé. Et maintenant, mes émotions déferlaient.

Alors que je racontais mes périodes les plus noires au cours des dix dernières années, ma mère a paru horrifiée, comme on pourrait s'y attendre de n'importe quel parent.

— Je me doutais que ça n'allait pas fort quand je t'ai vu, mais je n'aurais jamais imaginé que c'était à ce point, a-t-elle affirmé, au bord des larmes.

Par moments, elle ne disait plus rien, gardant la tête entre ses mains et lâchant un « pourquoi » ici et là.

« Pourquoi ne m'as-tu pas dit que tu avais perdu ton passeport ? »

« Pourquoi ne m'as-tu pas appelée au secours ? »

« Pourquoi n'as-tu pas contacté ton père ? »

Bien évidemment, elle s'est reproché la situation. Elle avait l'impression de m'avoir laissé tomber. Et très vite, elle a compris que personne n'était coupable.

— Ce n'est pas toi qui m'as forcé à dormir sur un carton et à me shooter toutes les nuits, c'est moi, ai-je déclaré.

Puis elle a fondu en larmes.

Maintenant que nous avions brisé la glace, si on peut dire, on s'est parlé plus facilement. On a un peu discuté du passé et de mon enfance en Australie et en Angleterre. Ça me faisait du bien, de me montrer honnête avec elle. Je lui ai avoué que je la trouvais distante quand j'étais plus jeune et qu'être élevé par des nounous et déménager tout le temps avait forcément eu des conséquences sur mon évolution.

Bien sûr, cela l'a ébranlée, et elle s'est justifiée en m'expliquant qu'elle devait gagner sa vie pour nous deux, pour qu'on ait un toit sur la tête. J'ai accepté son argument, mais j'aurais quand même aimé qu'elle soit plus présente pour moi.

Nous avons aussi beaucoup ri. Toutes les discussions n'étaient pas sombres et sérieuses. Nous nous ressemblions beaucoup et ça, nous l'avons reconnu. Nous nous sommes amusés des disputes qui avaient éclaté entre nous pendant mon adolescence.

Le conflit de personnalités était évident et elle a bien voulu l'admettre.

— J'ai un caractère fort et toi aussi. C'est de moi que tu le tiens, même.

Mais nous avons passé également beaucoup de temps à parler du présent. Elle m'a interrogé sur ma désintoxication et sur mes projets, maintenant que j'avais pratiquement terminé le programme. Je lui ai expliqué qu'il fallait encore avancer graduellement, un pas à la fois, mais qu'avec un peu de chance, je ne prendrais plus rien avant la fin de l'année suivante. Parfois, elle se contentait d'écouter, ce qu'elle n'avait pas toujours fait. Et moi non plus, d'ailleurs. Je pense que nous en avons appris énormément l'un sur l'autre, et pas seulement sur le fait que, si nos relations étaient si tendues quand j'étais plus jeune, c'est qu'au fond, nous étions très semblables.

Au cours de ces longues conversations, j'ai souvent parlé de Bob. J'avais apporté une photo de lui et moi, que je montrais à tous ceux qui faisaient montre d'un peu d'intérêt.

— Un sacré matou, a complimenté ma mère en souriant.

— Et comment ! ai-je confirmé, fier comme un paon. Je ne sais pas où j'en serais aujourd'hui sans lui !

Passer du temps en Australie m'a fait beaucoup de

bien. Ça m'a permis de me purifier l'esprit. Et aussi de faire le point : où j'en étais, où je voulais aller.

D'un côté, je brûlais d'envie de revenir y vivre. J'avais de la famille dans ce pays, et un réseau de soutien plus important que ce que j'avais laissé en Angleterre. Mais je pensais tout le temps à Bob et au fait que je serais perdu sans lui, tout comme il le serait sans moi. J'ai vite oublié cette possibilité. Au début de ma sixième semaine de vacances, j'étais prêt à rentrer à Londres.

J'ai dit au revoir à ma mère, correctement cette fois. Elle m'a accompagné à l'aéroport. Je devais embarquer pour Melbourne pour passer quelques jours avec mes grands-parents. Durant ma jeunesse, ils avaient énormément compté pour moi. Ils avaient possédé la plus grande compagnie de télécommunication du pays et avaient été les premiers à créer une société de radiomessagerie. À un moment, ils ont été très riches. Enfant, j'adorais passer du temps dans la maison qu'ils avaient fait construire à Melbourne. J'ai même vécu un peu avec eux quand, avec ma mère, on ne s'entendait pas bien.

Ils ont réagi de la même façon qu'elle en apprenant mon histoire. Ils étaient choqués.

Ils ont proposé de m'aider financièrement et même de me trouver un travail en Australie. Mais j'ai décliné à cause de mes responsabilités à Londres.

Le voyage de retour a été beaucoup moins mouvementé que celui de l'aller. Je me sentais mieux, plus en forme et j'avais certainement meilleure mine. Par conséquent, j'ai moins attiré l'attention à la douane et à l'immigration. J'étais reposé et requinqué, et j'ai dormi la majeure partie des deux vols.

Je mourais d'impatience de revoir Bob, mais j'avais peur qu'il ait changé et qu'il m'ait oublié. Je n'aurais pas dû m'inquiéter.

Dès que j'ai franchi le seuil de l'appartement de Belle, sa queue s'est érigée, il a bondi du canapé et s'est précipité vers moi. Je lui avais rapporté quelques petits cadeaux : des kangourous en peluche. Très vite, il a enfoncé ses griffes dans l'un d'eux. En rentrant chez nous, ce soir-là, il a tout de suite grimpé sur mes épaules. En un instant je m'étais remis de ma fatigue et de mes émotions. C'était de nouveau Bob et moi contre le reste du monde. Comme si je n'étais jamais parti.

## 19.

## Le chef de gare

Mon séjour en Australie m'avait fait le plus grand bien, aussi bien physiquement que sur le plan affectif. De retour à Londres, je me sentais plus fort et plus sûr de moi que depuis des années. Et retrouver Bob m'avait mis le moral au beau fixe. Sans lui, la Tasmanie m'aurait quand même manqué. Désormais, je me sentais de nouveau entier.

Nous avons vite retrouvé nos bonnes vieilles habitudes, et partagé tous les aspects de notre quotidien. Pourtant, après deux ans passés ensemble, il me surprenait régulièrement.

Je n'avais pas tari d'éloges sur lui quand j'étais en Australie, racontant à tout le monde comme il était intelligent. Je suis sûr que la plupart des gens ont dû me prendre pour un fou. Ils devaient se dire : « Un chat ne peut pas être intelligent. » Mais quelques semaines après mon retour, je me suis rendu compte que j'avais été bien en dessous de la réalité.

Faire ses besoins avait toujours été une corvée pour Bob. Il n'avait jamais accepté d'utiliser la litière que je lui avais achetée. J'en avais encore des paquets dans le placard, qui accumulaient la poussière. Ils se trouvaient là depuis le premier jour.

Il était vraiment pénible d'avoir à se taper les cinq étages chaque fois qu'il voulait se soulager. J'avais remarqué, avant de partir en Australie et de nouveau maintenant que j'étais rentré, qu'il ne descendait plus aussi souvent.

Je m'étais même demandé si c'était un problème médical et je l'avais amené au Blue Cross sur Islington Green pour le faire ausculter. Le vétérinaire n'avait rien trouvé et avait suggéré que cela pouvait juste indiquer un changement dans son métabolisme, l'âge arrivant.

L'explication était en fait nettement moins scientifique, mais beaucoup plus drôle. Un matin, après notre retour d'Australie, je me suis réveillé très tôt, vers 6 h 30. Mon horloge interne était encore à l'heure australienne. Je me suis extirpé du lit et je suis parti, encore ensommeillé, vers les toilettes. La porte était entrouverte et j'entendais une sorte de tintement léger. J'ai pensé que quelqu'un s'était introduit dans mon appartement pour utiliser les toilettes, mais quand j'ai légèrement poussé la porte, la scène que j'ai vue m'a laissé sans voix. Bob était installé sur la cuvette.

On se serait cru dans *Mon beau-père et moi*, avec le chat de Robert De Niro, M. Jinx. Sauf que c'était pour de vrai. Bob avait apparemment décidé que les cinq étages représentaient un obstacle trop grand pour lui. Alors, comme il m'avait vu aller aux toilettes régulièrement pendant deux ans, il avait compris comment ça marchait et m'avait imité.

Quand il m'a vu l'observer, sidéré, Bob m'a adressé un de ses regards cinglants qui signifiaient :

« Qu'est-ce qui te prend ? Je fais mes besoins, quoi de plus normal ? » Et il avait raison. Pourquoi étais-je encore surpris par ce que faisait Bob ? Il était capable de tout, ça, je n'en doutais pas.

Notre absence de quelques semaines n'était pas passée inaperçue des habitants d'Angel. Au cours de la première semaine de notre reprise, beaucoup de nos habitués sont venus nous parler, un grand sourire aux lèvres.

— Ah, enfin de retour !

— Je pensais que vous aviez gagné au loto…

Ils nous ont presque tous accueillis de façon chaleureuse et enjouée.

Une dame nous a offert une jolie carte de bienvenue. Elle avait écrit à l'intérieur : « Vous nous avez manqué. » Cela faisait plaisir, d'être rentrés chez nous.

Bien sûr, immanquablement, certains étaient moins enchantés de nous revoir.

Un soir, j'ai eu une violente dispute avec une Chinoise. J'avais déjà remarqué à plusieurs reprises qu'elle nous regardait de travers, Bob et moi. Cette fois, elle nous a accostés, agitant son doigt vers moi.

— Ce n'est pas bien, ce n'est pas bien ! répétait-elle, en colère.

— Pardon ? Qu'est-ce qui ne va pas ? ai-je demandé, sincèrement interloqué.

— Ce n'est pas normal pour un chat d'être comme ça. Il est trop sage, vous le droguez ! Vous droguez votre chat !

Voilà le sujet de la querelle.

Ce n'était pas la première fois que quelqu'un me lançait cette accusation. À Covent Garden, à l'époque où je chantais, un type très guindé et condescendant s'est arrêté un jour et m'a fait comprendre clairement qu'il m'avait « repéré ».

— Je sais ce que vous faites. Et je pense également savoir ce que vous lui administrez pour qu'il se montre si docile et obéissant, a-t-il dit, très content de lui.

— Et c'est quoi ?

— Ah, ça vous donnerait un avantage et vous pourriez changer de médicament, a-t-il lancé, un peu étonné que je lui tienne tête.

— Non, c'est à vous de le dire. Vous avez proféré une accusation, maintenant la balle est dans votre camp, me suis-je défendu.

Il avait dégagé le plancher assez rapidement, et il avait bien fait, parce que je ne me serais pas retenu longtemps de lui en coller une.

La Chinoise remettait ça. Alors je lui ai répliqué la même chose.

— Qu'est-ce que vous pensez que je lui administre pour le rendre aussi calme ? ai-je demandé.

— Je ne sais pas, mais vous lui donnez quelque chose.

— Si je le droguais, pourquoi est-ce qu'il continuerait à me suivre tous les jours ? Pourquoi il n'essaierait pas de s'enfuir à la première occasion ? Je ne peux pas le droguer devant tout le monde !

— Pssst, a-t-elle sifflé, méprisante, en agitant le bras. Ce n'est pas bien, pas bien, a-t-elle encore répété avant de se fondre dans la foule.

C'était une réalité que j'avais acceptée depuis longtemps. Je croiserais toujours des gens qui me soupçonneraient de maltraiter Bob, qui n'aimaient pas les chats ou simplement qui n'appréciaient pas de voir un vendeur du *Big Issue* avec un chat plutôt qu'un chien, ce qui était bien plus courant. Quelques semaines après mon altercation avec la Chinoise, j'ai essuyé un autre conflit, mais très différent cette fois.

Depuis que j'avais Bob, on me proposait régulièrement de me l'acheter. Il arrivait souvent qu'on me demande combien je demandais pour mon chat. Je répondais en général qu'il n'était pas à vendre.

À Angel, ça s'était de nouveau produit, avec une dame en particulier. Elle était venue me voir à plusieurs reprises, bavardant chaque fois un peu avant d'en venir au fait.

— Écoutez, James, je ne pense pas que Bob devrait rester dans la rue. Je pense qu'il devrait se trouver dans un foyer douillet et chaleureux pour avoir une vie meilleure.

Invariablement, elle concluait par : « Et donc vous en demandez combien ? »

Je la rembarrais toujours et elle s'est mise à me proposer différentes sommes. Elle avait commencé à cent livres, et était montée jusqu'à cinq cents.

Plus récemment, un soir, elle est venue me trouver.

— Je vous en offre mille livres, m'a-t-elle proposé.

— Vous avez des enfants ? lui ai-je demandé.

— Euh, oui... a-t-elle répondu, un peu étonnée par ma question.

— D'accord. Combien vous demanderiez pour votre plus jeune ?

— Qu'est-ce que vous racontez ?

— Combien pour le plus jeune ?

— Je ne vois pas le rapport...

— Ah non ? l'ai-je interrompue. Pour moi, il est évident. Bob est comme mon enfant, c'est mon bébé. Et quand vous me demandez si j'accepte de le vendre, c'est exactement comme si je vous proposais de vous acheter votre plus jeune enfant.

Elle est partie, furieuse, et je ne l'ai jamais revue.

L'attitude des employés du métro était à l'opposé. Un jour, j'ai discuté avec Vanita, une des contrôleuses. Elle adorait Bob et ça l'amusait beaucoup de voir tant de gens s'arrêter pour lui parler et le prendre en photo.

— Il rend la station d'Angel célèbre ! a-t-elle plaisanté.

— Et comment ! Vous devriez l'embaucher, comme le chat au Japon qui est chef de gare. Il porte même un chapeau.

— Je ne pense pas qu'on recrute en ce moment, a-t-elle gloussé.

— Vous devriez au moins lui donner un badge, ai-je plaisanté.

Elle l'a regardé, songeuse, et a pris congé. Je n'ai pas réfléchi plus avant.

Quelques semaines plus tard, alors que Bob et moi étions installés en face de la station, Vanika est apparue. Elle souriait à pleines dents, ce qui m'a tout de suite interrogé.

— Qu'est-ce qui se passe ? ai-je demandé.

— Rien, je voulais juste donner ça à Bob, a-t-elle lancé, le sourire toujours aux lèvres.

Elle a ensuite sorti une carte de voyageur plastifiée avec la photo de Bob.

— C'est extra ! me suis-je réjoui.

— J'ai pris la photo sur Internet, a-t-elle confié, à ma grande surprise.

Qu'est-ce que Bob fichait sur le Web ?

— Et qu'est-ce que ça signifie ? ai-je demandé.

— Avec ça, il peut voyager gratuitement dans le métro, a-t-elle ri.

— Je pensais que les chats voyageaient de toute façon gratuitement ? ai-je répliqué en souriant.

— En fait, ça veut surtout dire qu'on l'aime tous beaucoup et qu'on le considère comme un membre de notre famille.

J'ai vraiment pris sur moi pour ne pas fondre en larmes.

# 20.

## La nuit la plus longue

Le printemps de 2009 aurait dû arriver, mais les soirées restaient sombres et lugubres. Autour de 7 heures, quand j'arrêtais en général de vendre le *Big Issue*, le crépuscule descendait déjà et les lampadaires s'allumaient, éclairant les trottoirs.

Après avoir été d'un calme plat pendant les premiers mois de l'année, le quartier commençait un peu à revivre, attirant soudain plus de touristes. À l'heure de pointe, des milliers de gens occupaient la bouche du métro dans les deux sens.

Il s'agissait surtout de personnes aisées. Mais Angel attirait également une population bien moins agréable.

Vivre dans les rues de Londres vous offre une perception aiguisée des individus que vous voulez éviter à tout prix. Autour de 18 h 30, 19 heures, au moment où la foule est la plus dense, un type qui a tout de suite déclenché mon radar s'est profilé à plusieurs reprises.

Je l'avais déjà vu une ou deux fois, mais heureusement toujours de loin. Le genre vraiment mal en point. Je sais que je n'étais pas le gars le plus volumineux de Londres, mais ce type-là était vraiment décharné.

Il vivait clairement à la dure. Sa peau était rouge et marbrée, ses vêtements crasseux. Ce qui m'a frappé le plus chez lui, c'était son chien, un rottweiler géant, noir avec des taches brunes. Au moment où mes yeux se sont posés sur lui, j'ai vu qu'il était agressif. En les voyant déambuler ensemble dans la rue, j'ai repensé à un vieux dessin de Bill Sikes et son chien Bull's Eye dans *Oliver Twist*. Il était clair qu'ils cherchaient les embrouilles.

Le chien l'accompagnait ce soir-là, quand il est arrivé à côté de l'entrée de la station et qu'il s'est assis pour parler à un autre individu aussi louche que lui et qui buvait de la bière depuis au moins une heure. La scène ne me plaisait pas.

J'ai presque tout de suite compris que le rottweiler avait repéré Bob et qu'il tirait sur la laisse, mourant d'envie de lui courir après. Le type avait l'air de contrôler son animal, mais rien ne permettait de dire que ça durerait. Il était beaucoup plus intéressé par sa conversation et les bières.

À ce moment-là, j'étais en train de remballer mes affaires pour la soirée. Leur arrivée m'a simplement conforté dans cette décision. J'avais un mauvais pressentiment. Ils ne me revenaient pas, et le chien non plus. Je voulais m'éloigner d'eux le plus vite possible.

Je commençais à rassembler mes exemplaires du *Big Issue* et à ranger tout mon fatras dans mon sac à dos. Soudain, j'ai entendu un aboiement tonitruant et suraigu. Ensuite, la scène s'est déroulée comme au ralenti, tout droit sortie d'un mauvais film d'action.

J'ai tourné la tête et vu dans un flash une forme noir et brun qui fonçait vers Bob et moi. Le type n'avait manifestement pas attaché la laisse correctement. Ma première réaction a été de protéger Bob : d'instinct, j'ai bondi devant le molosse. La sale bête s'est jetée sur moi et m'a renversé. En tombant, j'ai réussi à l'entourer de mon bras et nous avons fini sur le trottoir, à lutter l'un contre l'autre. Je criais et jurais et j'essayais d'attraper sa tête pour qu'il ne me morde pas, mais l'animal était bien trop fort.

Les rottweilers sont des chiens puissants et je n'ai aucun doute que si la bagarre avait continué encore quelques minutes, j'aurais été largement perdant. Dieu sait quel type de blessures il m'aurait infligées. Heureusement, j'ai vite entendu une autre voix qui hurlait et j'ai senti la pression du chien diminuer comme il semblait entraîné dans la direction opposée.

— Viens ici, abruti ! criait son maître en tirant sur la laisse de toutes ses forces.

Il lui a ensuite donné une beigne sur la tête avec quelque chose de tranchant. Je ne sais pas ce que c'était, mais le bruit que ça a fait était terrifiant. En d'autres circonstances, je me serais inquiété pour la santé du toutou, mais mon souci principal était Bob. Ce à quoi il venait d'assister avait dû le terroriser. Je me suis vite retourné pour savoir s'il allait bien, mais il avait disparu. J'ai fait un tour complet sur moi-même pour voir si quelqu'un l'avait pris dans ses bras, mais je ne l'ai vu nulle part. Aucun signe de lui.

Soudain, j'ai compris ce que j'avais fait. Une pile de *Big Issue* était éparpillée à quelques mètres de notre emplacement sous un banc. La laisse de Bob n'étant pas assez longue, dans mon empressement d'échapper au rottweiler et à son maître, je l'avais détachée de ma ceinture. Je n'avais pas eu l'intention de m'attarder plus de quelques secondes, le temps de tout ramasser, mais ça avait déjà été trop long. Je ne pouvais m'en prendre qu'à moi. Le rottweiler devait nous surveiller et il m'avait vu le faire, c'est pour cela qu'il s'était libéré et s'était rué sur nous à cet instant précis.

J'ai tout de suite paniqué.

Quelques personnes m'entouraient désormais pour me demander si j'allais bien.

— Ça va, merci. Quelqu'un aurait-il vu Bob ? ai-je demandé, même si je ne me sentais vraiment pas bien du tout.

Je m'étais fait mal en tombant et le rottweiler m'avait mordu les mains. À cet instant, une de mes clientes régulières s'est approchée de moi, une dame d'une cinquantaine d'années qui donnait toujours des petites gâteries à Bob. Elle avait vu l'incident et s'inquiétait pour moi.

— Je viens de voir Bob se précipiter dans la direction de Camden Passage, a-t-elle affirmé. J'ai essayé d'attraper sa laisse, mais il a été trop rapide.

— Merci, ai-je lancé en passant mon sac sur le dos et en m'élançant à sa poursuite, le cœur battant.

Je me suis tout de suite revu dans la même situation, quand il s'était enfui à Piccadilly Circus. Et pourtant, la situation me parut pire. À l'époque, il avait juste été effrayé par un gars déguisé bizarrement. Cette fois, le danger physique avait été réel. Si je ne m'étais pas interposé, il est évident que le chien l'aurait attaqué. Qui sait l'effet que cette agression avait eu sur lui ? Peut-être que cela lui rappelait quelque chose qu'il avait vu dans son passé ? Je n'avais aucune idée de ce qu'il éprouvait, même si j'imaginais bien qu'il devait se sentir effrayé et déboussolé.

J'ai couru vers Camden Passage, évitant la foule du soir qui commençait à se presser autour des pubs, des bars et des restaurants.

— Bob ! Bob ! hurlais-je sans arrêt, attirant les

regards médusés des passants. Quelqu'un a vu un chat roux avec sa laisse derrière lui ? ai-je crié à un groupe de gens installés à la terrasse d'un pub.

Ils se sont contentés de hausser les épaules.

J'avais espéré que, comme la dernière fois, Bob trouverait refuge dans un magasin. Mais à cette heure, la plupart baissaient leurs rideaux pour le soir. Seuls les bars, les restaurants et les cafés restaient ouverts, alors que je longeais l'étroite allée et que je demandais autour de moi pour ne recevoir que des regards vides. S'il avait dépassé Camden Passage pour partir vers le nord, il se serait retrouvé sur Essex Road, la route principale vers Dalston et au-delà. Il avait déjà parcouru ce trajet, mais jamais de nuit et jamais seul.

Je commençais à désespérer quand j'ai croisé une femme vers la fin du passage, juste avant qu'il ne débouche sur Islington Green. Elle a fait signe vers le bas de la rue.

— J'ai vu un chat qui courait par là, a-t-elle déclaré. Il fusait comme un missile et n'avait pas l'air de vouloir s'arrêter. Il a tourné vers la route principale et il était sur le point de traverser.

Au bout du passage, je suis sorti dans la rue et j'ai scruté les alentours. Bob adorait Islington Green et, souvent, il y faisait ses besoins. Et c'est aussi là que les camions du Blue Cross stationnaient. Ça valait la peine que j'y jette un œil. J'ai rapidement traversé pour arriver sur le petit carré d'herbe grasse. Il aimait bien jouer dans les buissons qui l'entouraient. Je me suis agenouillé pour regarder. Malgré l'obscurité de la soirée et le fait que je ne voyais pratiquement plus au-delà de ma main tendue, j'espérais encore, contre tout espoir, que je distinguerais une paire d'yeux scintillants qui me regarderaient fixement.

— Bob, Bob, tu es là, mon gars ?

Mais rien.

Je suis parti vers l'autre coin de pelouse et je l'ai appelé encore une ou deux fois. À part les grognements de quelques poivrots assis sur des bancs, je ne percevais que le ronronnement de la circulation.

J'ai quitté le Green et je me suis retrouvé en face de la grande librairie, *Waterstone*. Avec Bob, on y entrait souvent et tout le personnel nous accueillait chaleureusement. Je savais que je me raccrochais aux branches désormais, mais peut-être qu'il avait pensé à s'y abriter.

L'intérieur du magasin était calme et certains employés s'affairaient déjà à ranger pour la fermeture. Il ne restait que de rares clients, qui bouquinaient encore.

J'ai reconnu une des dames derrière la caisse. Je transpirais à grosses gouttes, j'étais à bout de souffle et manifestement agité.

— Tout va bien ? s'est-elle enquise.

— J'ai perdu Bob. Un chien nous a attaqués et Bob s'est enfui. Il n'est pas venu ici, par hasard ?

— Oh non, a-t-elle lancé, sincèrement ennuyée. Je n'ai pas bougé d'ici et je ne l'ai pas vu. Mais laissez-moi me renseigner à l'étage.

Elle a pris son téléphone et a composé le numéro d'un autre rayon.

— Vous n'avez pas vu un chat ? a-t-elle demandé.

Sa façon de secouer lentement la tête m'a suffi.

— Je suis désolée, a-t-elle ajouté. Mais si on le voit, vous pouvez être sûr qu'on vous préviendra.

— Merci.

Ce n'est qu'à ce moment-là, alors que je sortais de

Waterstone vers la nuit noire, que ça m'a frappé. Je l'avais perdu.

J'étais dévasté. Pendant les quelques minutes qui ont suivi, je me sentis pris dans un brouillard épais. J'ai continué à avancer sur Essex Road, mais j'avais renoncé à demander dans les cafés, les bars et les restaurants.

C'était le chemin qu'on prenait tous les jours, aller-retour. Quand j'ai vu un bus qui se dirigeait vers Tottenham, une autre idée a traversé mon esprit. Il n'avait tout de même pas pu ? Si ?

Un contrôleur attendait à l'arrêt et je lui ai demandé s'il avait vu un chat monter dans un bus. Je connaissais Bob : il était assez intelligent pour le faire. Mais le type m'a juste dévisagé comme si je l'avais interrogé sur une invasion d'extraterrestres dans le cœur de Londres. Il a secoué la tête et s'est détourné de moi.

Je savais que les chats avaient un sens de l'orientation très développé et qu'ils étaient capables de parcourir d'importantes distances pour revenir chez eux. Mais il était impossible qu'il se repère jusqu'à Tottenham. On devait être à plus de cinq kilomètres et demi de la maison et il fallait traverser des quartiers vraiment chauds de Londres. Nous n'y étions jamais allés à pied, seulement en bus. Je me suis vite dit que c'était inenvisageable.

La demi-heure qui a suivi, j'ai été emporté dans un tourbillon d'émotions. Un instant j'étais persuadé qu'il ne pourrait pas aller loin sans se faire attraper et identifier. Beaucoup de gens alentour savaient qui il était. Et même si la personne qui le trouvait ne le connaissait pas, avec un peu de jugeote, elle verrait qu'il avait une puce électronique et saurait que tous les détails concernant son maître y étaient consignés.

Dès que je me rassurais avec cette idée, des déferlantes d'images négatives s'abattaient sur moi.

C'était peut-être ce qui s'était passé deux ans plus tôt. Peut-être que c'est ainsi qu'il était arrivé dans mon immeuble en cette soirée de printemps. Ça avait peut-être été le signal pour lui qu'il fallait qu'il change d'air. J'étais déchiré. Si je restais logique et réfléchi, je me disais : « Tout ira bien, tu vas le retrouver. » Mais l'angoisse prenait le dessus. « Il est parti, tu ne le reverras plus jamais. » J'ai erré dans Essex Road pendant une bonne heure. Il faisait à présent nuit noire, mais la circulation ne diminuait pas sur toute la longueur d'Islington High Street. J'étais perdu, je ne savais vraiment plus quoi faire. Sans réfléchir, j'ai descendu Essex Road vers Dalston. Mon amie Belle vivait dans un appartement à un peu plus d'un kilomètre de là. J'ai décidé de m'y rendre.

Je passais à côté d'une ruelle quand j'ai vu un bout de queue, noire et fine, très différente de celle de Bob, mais vu l'état dans lequel j'étais, mon esprit me jouait des tours et je me suis convaincu que c'était lui.

— Bob ! ai-je crié, me précipitant dans l'allée sombre, mais je n'y ai rien trouvé.

Quelque part dans l'obscurité, j'ai entendu un miaulement. Pas le genre que poussait Bob. Après quelques minutes, j'ai poursuivi ma route.

La circulation n'était plus aussi dense. La nuit m'a paru soudain incroyablement calme. Pour la première fois, j'ai remarqué que les étoiles étaient apparues dans le ciel. Rien à voir avec la Voie lactée australienne, mais impressionnant quand même. Quelques semaines plus tôt, j'avais admiré les étoiles en Tasmanie. J'avais dit à tout le monde là-bas que je retournais à Londres pour m'occuper de Bob. « Bon boulot », ai-je songé, me maudissant intérieurement.

L'espace d'un instant, je me suis demandé si mon long séjour en Australie n'avait pas, d'une certaine façon, provoqué sa fugue. Est-ce que cela avait desserré les liens qui nous unissaient ? Mon absence de six semaines l'avait peut-être poussé à remettre en question mon affection pour lui ? Quand le rottweiler s'était rué sur lui, peut-être qu'il avait décidé qu'il ne pouvait plus compter sur moi pour le protéger ? Cette idée me donnait envie de hurler à la mort.

Alors que j'approchais de la rue de Belle, j'étais toujours au bord des larmes. Qu'est-ce que j'allais devenir sans lui ? Je ne retrouverais jamais un compagnon comme lui. Et c'est à cet instant que ça s'est produit. Pour la première fois depuis des années, j'ai ressenti le besoin incontrôlable de me shooter.

J'ai essayé de le refouler, mais de nouveau, il fallait que je lutte contre des sentiments contradictoires. Dans mon esprit, j'avais définitivement perdu Bob et je ne pourrais pas y survivre. Il faudrait que j'anesthésie la douleur qui me torturait déjà.

Belle, comme moi, se battait depuis des années. Mais je savais que sa coloc n'avait pas décroché. En arrivant dans sa rue, les pensées qui se bousculaient dans ma tête étaient de plus en plus effrayantes.

Quand je suis arrivé devant son immeuble, il était déjà près de 10 heures. J'avais déambulé dans la ville pendant plus de deux heures. Au loin, les sirènes hurlaient de nouveau, les policiers fonçant sûrement vers une autre altercation dans un pub. Je m'en fichais bien.

Alors que j'avançais dans l'allée mal éclairée de son bâtiment, j'ai aperçu une forme assise tranquillement dans l'ombre. À l'évidence, il s'agissait d'un chat, mais j'avais abandonné tout espoir, et je me suis juste dit que c'était encore un de ces chats errants qui s'abritait du froid. Mais soudain, il s'est tourné vers moi et j'ai reconnu tout de suite son minois.

— Bob !

Il a lâché un miaulement plaintif, tout comme celui que j'avais entendu dans le couloir de ma résidence le jour de notre rencontre, comme s'il voulait dire : « T'étais où ? J'attends ici depuis des lustres ! »

Je l'ai pris dans mes bras et je l'ai serré contre moi.

— Tu vas me tuer si tu continues à t'enfuir comme ça ! ai-je lancé, essayant de comprendre comment il avait fait pour arriver là.

Et j'ai vite compris. Je me suis senti bête de ne pas y avoir pensé plus tôt. Il était venu chez Belle avec moi à plusieurs reprises, et il avait passé six semaines ici quand j'étais en vacances. Rien de plus logique à ce qu'il soit retourné là. Mais comment avait-il fait ? On était à deux kilomètres et demi de notre emplacement sur Angel. Est-ce qu'il avait parcouru tout ce chemin à pied ? Et si oui, depuis combien de temps était-il assis ici ?

Plus rien de tout cela n'avait d'importance. Comme je continuais à lui exprimer mon affection, il m'a léché la main, avec sa langue aussi rêche que du papier de verre. Il a frotté son museau contre mon visage et a enroulé sa queue.

J'ai sonné à la porte de Belle et elle m'a invité à entrer. Mon humeur était passée du désespoir à l'euphorie. J'étais aux nues.

La coloc de Belle m'a gratifié d'un sourire entendu.

— Un shoot pour fêter ça ? a-t-elle proposé.

— Non merci, ça ira comme ça, ai-je répondu, tenant toujours Bob dans mes bras, alors qu'il jouait avec ma main et regardait Belle. Une bière, ce sera avec plaisir en revanche.

Bob n'avait pas besoin de drogue pour passer la nuit. Il avait juste besoin de son compagnon : moi. Et à cet instant, je me suis dit que moi non plus, il ne me fallait rien d'autre. Bob et seulement Bob. Et pas juste cette nuit, mais aussi longtemps que j'aurais le privilège de l'avoir dans ma vie.

## 21.

## Bob, le chat du *Big Issue*

Comme le soleil de mars partait se cacher et que la nuit tombait de nouveau sur Angel, Londres se préparait une nouvelle fois à remballer pour le soir. La circulation sur Islington High Street avait déjà bien grossi et le concert de klaxons battait son plein. Les trottoirs aussi étaient noirs de monde, une foule compacte se déversait de l'entrée de la station, luttant contre le flot qui circulait dans l'autre sens. L'heure de pointe dans toute sa splendeur. Tout le monde semblait pressé de se rendre quelque part. Enfin, presque.

Je vérifiais que j'avais assez d'exemplaires pour répondre à la demande qui n'allait pas manquer, quand j'ai remarqué qu'un groupe de jeunes s'était réuni autour de nous. Des adolescents, à vue de nez, trois garçons et deux filles. Ils avaient l'air de venir d'Amérique du Sud, ou peut-être d'Espagne ou du Portugal.

Rien d'inhabituel à ça. Ce n'était ni Covent Garden, ni Leicester Square, ni Piccadilly Circus, mais Islington attire aussi ses hordes de touristes et Bob était un vrai aimant pour eux. Aucun jour ne passait sans qu'il ne soit encerclé par un groupe de jeunes comme celui-là.

Ce qui changeait ce soir-là, cependant, c'était leur façon de le montrer du doigt et de parler de lui, avec beaucoup d'excitation.

— Ah, *sí*, Bob ! a dit une jeune fille, en espagnol, à ce que j'imaginais.

— *Sí, sí* ! Bob *the Beeg Issiu Cat*, a dit un garçon, essayant de parler anglais.

« Étrange, me suis-je dit une fois que j'ai eu décrypté ce qu'il avait dit. Comment savent-ils qu'il s'appelle Bob ? Il ne porte pas de collier avec son nom. Et qu'est-ce qu'ils entendent par "le chat du *Big Issue*" ? »

Ma curiosité a pris le dessus.

— Désolé, je me permets de vous demander, mais comment connaissez-vous Bob ? ai-je demandé, espérant que l'un d'eux parlait assez anglais pour comprendre, mon espagnol étant quasi inexistant.

— Oh, on l'a vu sur YouTube a répliqué un des jeunes en souriant. Bob est très célèbre !

— Ah oui ? On m'a déjà dit qu'il était sur Internet, mais je ne savais pas que beaucoup de monde le regardait.

— Beaucoup, beaucoup, a-t-il assuré en souriant.

— Vous venez d'où ?

— *España*, Espagne.

— Alors, Bob est célèbre en Espagne ?

— *Sí, sí*, a répondu un autre garçon une fois la traduction faite. *Bob es una estrella en España.*

— Qu'est-ce qu'il a dit ?

— Il a dit que Bob était une star en Espagne.

J'étais scié.

Je savais que beaucoup de monde l'avait pris en photo depuis qu'il était avec moi, aussi bien quand je jouais que maintenant que je vendais le *Big Issue.* J'ai même ri une fois de l'idée qu'il devrait figurer dans le *Guiness Book* des records en tant que chat le plus photographié de la planète.

Certaines personnes l'avaient même filmé, avec leurs portables ou même des caméras. J'ai réfléchi aux quelques derniers mois. Qui avait pu mettre les enregistrements sur YouTube ? Je voyais bien quelques candidats possibles, mais je me suis dit que je vérifierais à la première occasion.

Le lendemain matin, je me suis rendu à la bibliothèque de mon quartier avec Bob et je me suis connecté.

J'ai entré sur Google les mots « Bob », « chat » et « *Big Issue* ». Inévitablement, je suis tombé sur le lien vers YouTube et j'ai cliqué dessus. À ma grande surprise, ce n'est pas un film, mais deux que j'y ai trouvés.

— Eh Bob, regarde ! Ils avaient raison, tu es une star sur YouTube !

Jusque-là, il ne s'était pas montré particulièrement intéressé. Ce n'étaient pas les courses hippiques de Chanel Four, après tout. Mais quand j'ai ouvert la première vidéo et qu'il m'a vu et entendu, il a bondi sur le clavier et a mis sa tête droit devant l'écran.

Alors que nous regardions le film, intitulé *Bob le chat et moi*, un souvenir m'est revenu. J'avais été abordé par un étudiant en cinéma. Il m'avait suivi un moment pendant la journée quand nous vendions le *Big Issue* à côté de Neal Street. On nous voyait là-bas et aussi en train de monter dans le bus ou de marcher dans la rue. La vidéo présentait un résumé fidèle de notre quotidien de vendeurs. Il avait aussi enregistré les gens qui se réjouissaient à la vue de Bob, mais également une scène où des types affirmaient qu'ils ne croyaient pas que Bob était un chat « domestiqué ».

C'était le même genre que ceux qui pensaient que je le droguais.

L'autre vidéo avait été tournée plus récemment, vers Angel, par un Russe. J'ai cliqué sur le lien et j'ai vu qu'il avait appelé son enregistrement *Bob, le chat du* Big Issue. Ça devait être celui que les jeunes Espagnols avaient vu. Il avait au moins dix mille visites, je n'en revenais pas.

J'avais depuis quelque temps nourri le sentiment que Bob devenait une célébrité mondiale. Il m'arrivait souvent d'entendre : « Eh, c'est Bob ? J'ai entendu parler de lui » ou : « C'est le fameux Bob le chat ? » Je m'étais dit que c'était par le bouche à oreille. Et quelques semaines avant notre rencontre avec le groupe d'Espagnols, nous étions passés dans un journal de quartier, le *Islington Tribune*. J'avais même été accosté par une agente américaine qui m'avait demandé si j'avais déjà envisagé d'écrire un livre sur Bob. Et quoi encore !

Les adolescents espagnols m'ont permis de me rendre compte qu'il ne s'agissait pas juste d'un phénomène local. Bob devenait une sommité féline.

Alors que je me dirigeais vers l'arrêt du bus, digérant ce que je venais de découvrir, je ne pouvais effacer le sourire de mes lèvres. Sur un des films, je racontais que Bob m'avait sauvé la vie. Quand je me suis entendu le dire, j'ai pensé que c'était un peu fort, un peu exagéré. Mais tout en marchant et en réfléchissant bien à la question, je suis arrivé à la conclusion que c'était la pure vérité.

Depuis que je l'avais trouvé assis dans le couloir à peine éclairé de mon immeuble, il avait transformé mon monde. À l'époque, j'étais un héroïnomane en voie de désintoxication, menant une existence précaire. J'allais avoir trente ans et pourtant, ma vie ne suivait aucune direction, et je n'avais nul autre but que la survie. J'avais perdu le contact avec ma famille et je n'avais pratiquement aucun ami. En gros, rien de bien brillant. Tout cela avait changé.

Mon voyage en Australie n'avait pas effacé d'un coup de baguette magique mes difficultés passées, mais il avait permis qu'on se retrouve, ma mère et moi. Les blessures cicatrisaient, j'avais le sentiment qu'on pourrait de nouveau être proches. Ma bataille contre la drogue arrivait enfin à son terme, ou du moins, je l'espérais. Le dosage de Subutex que je prenais diminuait régulièrement. Le jour où je n'en aurais plus besoin approchait à grands pas. Je voyais enfin la fin de ma dépendance. À certaines périodes de ma vie, je n'aurais jamais cru cela possible, même si on me l'avait garanti.

Mais le plus important : j'avais enfin construit quelque chose. Ça ne paraît peut-être pas énorme pour certains, mais mon petit appartement à Tottenham m'avait fourni le type de sécurité et de stabilité que j'avais toujours secrètement recherché. Je n'avais jamais vécu aussi longtemps au même endroit ; cela faisait plus de quatre ans que je m'y trouvais et je comptais bien y rester encore un moment. Et tout cela n'aurait pas pu arriver sans Bob, c'était évident pour moi.

J'ai grandi en allant à l'église, mais je n'ai pas été élevé en chrétien pratiquant. Je ne suis pas non plus athée ou agnostique. Selon moi, on doit prendre un peu de toutes les religions et de toutes les philosophies. Je ne suis pas bouddhiste non plus, mais j'aime bien cette philosophie. Le bouddhisme constitue une solide structure autour de laquelle on peut bâtir sa vie. Par exemple, je crois vraiment dans le karma, l'idée qu'on récolte toujours ce que l'on sème. Je me demande si Bob était ma récompense pour avoir fait le bien à un moment ou à un autre dans ma vie agitée.

Je me demandais aussi si Bob et moi, on s'était connus dans une autre vie. On était tellement liés, le courant était passé tout de suite ; vraiment étonnant. Quelqu'un m'a dit que j'étais la réincarnation de Dick Whittington, ce maire qui, selon la légende, devait sa fortune à son chat. Sauf que là, les rôles étaient inversés : c'est Dick Whittington qui avait ressuscité en Bob, et moi en son compagnon. Ça me convenait très bien. J'étais heureux de penser à lui de cette façon. Bob est mon meilleur ami et mon guide vers une vie meilleure. Il ne demande rien de compliqué ou d'irréalisable en retour. Il a juste besoin que je veille sur lui. Et c'est ce qu'il fait aussi pour moi.

Je savais que la route qui nous attendait n'était pas un fleuve tranquille. Nous aurions forcément encore des obstacles à franchir : je travaillais dans les rues de Londres, après tout. Ce ne serait jamais facile. Mais du moment qu'on restait ensemble, j'avais le sentiment que tout irait bien.

Tout le monde a besoin d'un répit, tout le monde mérite une deuxième chance. Bob et moi, on l'avait prise…

# Remerciements

Écrire ce livre a été pour moi une incroyable expérience de collaboration, au cours de laquelle beaucoup de gens ont joué un rôle essentiel.

Avant tout, je voudrais remercier ma famille, ma mère et mon père en particulier, pour m'avoir insufflé la force et la détermination qui m'ont permis de tenir dans les périodes les plus noires de ma vie. Je voudrais aussi exprimer ma reconnaissance à mes parrains, Terry et Merilyn Winters, pour avoir été des amis si fidèles.

Dans les rues de Londres, énormément de monde m'a témoigné une réelle gentillesse, mais je tiens à saluer Sam, Tom, Lee et Rita, les coordinateurs du *Big Issue* qui se sont montrés si généreux envers moi. Je voudrais également remercier les assistants sociaux Kevin et Chris pour leur compassion et leur compréhension. Merci aussi à la Blue Cross et à la RSPCA pour leurs précieux conseils, à Davika, Leanne et au reste du personnel de la station de métro d'Angel pour son soutien sans faille.

Ma gratitude va également à *Food For Thought* et *Pix* sur Neal Street, où on nous a toujours offert, à Bob et à moi, une tasse de thé bien chaud et une soucoupe de lait, ainsi qu'à Daryl du *Diamond Jacks* à Soho et Paul et Den, les cordonniers, mes amis dévoués. Je voudrais aussi citer Pete Watkins du *Corrupt Drive Records*, DJ Cavey Nik du *Mosaic Home* et Ron Richardson.

Ce livre n'aurait jamais vu le jour sans mon agente, Mary Pachnos. C'est elle qui m'a pour la première fois suggéré cette idée. Ça m'a paru complètement fou à l'époque, et je n'aurais pas réussi à tout boucler et à faire de mon histoire un récit cohérent sans son aide et celle de l'écrivain Garry Jenkins. J'adresse par conséquent mes remerciements les plus sincères à Mary et Garry. Chez mes éditeurs, Hodder & Stoughton, je voudrais exprimer ma reconnaissance à Rowena Webb, Ciara Foley, Emma Knight et au reste de la brillante équipe qui y travaille. Merci aussi à Alan et au personnel de Waterstone à Islington qui nous ont laissés, Garry et moi, travailler sur le livre dans le calme de l'étage d'en haut. Et un grand merci à Kitty, sans le soutien constant de qui nous aurions tous les deux été perdus.

Finalement, je souhaiterais remercier Scott Hartford-Davis et le Dalaï-Lama qui m'ont, ces dernières années, apporté une magnifique philosophie grâce à laquelle mener ma vie, et Leigh Ann, qui est présente dans mes pensées.

Et bien sûr, pour finir, je dois remercier le petit gars qui est entré dans ma vie en 2007 et qui, depuis le moment où nous nous sommes liés d'amitié, s'est révélé être un élément positif de changement pour moi, une réelle force dans ma vie. Tout le monde mérite un ami comme Bob. J'ai eu beaucoup de chance de le trouver…

James Bowen

Londres, janvier 2012

# Table des matières

Imprimé en France par

CPI
BRODARD & TAUPIN

à La Flèche (Sarthe)
en mai 2014

POCKET – 12, avenue d'Italie – 75627 Paris Cedex 13

N° d'impression : 3004853
Dépôt légal : mai 2014
S24352/01